HEYNE KOCHBÜCHER

Eve Marie Helm

Feld-, Wald- und Wiesenkochbuch

*Erkennen, Sammeln, Zubereiten
und Einkochen
von Wildgemüsen und Wildfrüchten*

WILHELM HEYNE VERLAG

MÜNCHEN

HEYNE KOCH- UND GETRÄNKEBÜCHER
Nr. 07/4295

11., aktualisierte Auflage

Genehmigte, ungekürzte Taschenbuchausgabe
Copyright © 1978 by BLV Verlagsgesellschaft mbH, München 1982
Printed in Germany 1992
Umschlaggestaltung: Atelier Ingrid Schütz, München
Satz: Schaber, Wels/Österreich
Druck und Bindung: RMO Druck, München

ISBN 3-453-40279-0

Inhalt

Zu diesem Buch 7

Zu den Pflanzenabbildungen 9

Darstellender Teil
Beschreibung und Abbildung von Wildgemüsen und
Wildfrüchten in alphabetischer Anordnung 10

Rezeptteil 145
Hinweise für die Zubereitung von Suppen — Gemüsen —
Soßen — Pfannengerichten — Salaten 145

Wildgemüsesuppen 147

Wildgemüse 156

Soßen 168

Pfannengerichte — Aufläufe — Klöße 171

Wildsalate 177

Hinweise für die Zubereitung von Süßspeisen, Eis, Konfitüre
und Saft 183

Süßspeisen 184

Eis 189

Gelee — Marmelade — Konfitüre 190

Saft — Sirup 200

Hinweise für die Zubereitung von alkoholischen Getränken . 203

Alkoholische Getränke 204

Gebäck 210

Verschiedenes 213

Register 216

Quellenhinweise 221

Zu diesem Buch

Krautwickel aus Huflattichblättern — beim Lesen eines alten Buches entdeckte ich einen Zeitungsausschnitt als Lesezeichen mit der Beschreibung dieses Rezeptes. Das machte mich neugierig. Wenn eine so unscheinbare Pflanze, die in Massen auf unbebauten Schuttfeldern wächst, eßbar war, dann mußte es doch weitere eßbare Wildpflanzen geben. Ich forschte also nach und fand eßbare Pflanzen überall: auf Äckern, Wiesen, in Wäldern an Wegrändern und Gewässern; nicht nur Brennesseln, Löwenzahn und Sauerampfer, von denen fast jeder schon einmal gehört hat, sondern unzählige andere. Über hundert Pflanzen brachte ich in einjähriger Arbeit auf diese Weise zusammen. Giersch und Wiesenschaumkraut, Scharbockskraut und Rohrkolben, Wegwarte und Lungenkraut, Gänseblümchen und Vogelmiere ... Es ist faszinierend, welch natürliche Schätze da auf jeder Wiese wachsen. Die große Menge von verwertbarem Material zwingt natürlich zu einer Auswahl. Ich beschränke mich deshalb auf die Wildgemüse und Wildfrüchte, die in meinen Quellen am häufigsten genannt und beschrieben wurden, und zu denen »echte« Rezepte vorhanden sind. Einige dieser Pflanzen stehen heute unter Naturschutz. Ich habe trotzdem nicht darauf verzichtet, sie zu beschreiben, weil sie früher oft als Nahrungsmittel gebraucht wurden.
Reine Würzkräuter und Heilpflanzen sowie Früchte, die auch im Garten wachsen, wie z. B. Himbeeren oder Brombeeren, wurden hier nicht berücksichtigt.
Die meisten dieser Rezepte entnahm ich Kochbüchern, die vor dem 20. Jahrhundert erschienen sind, darunter auch Quellen, die auf die Kriegsjahre zurückgehen. Ich entdeckte, daß man vor noch gar nicht allzu langer Zeit Wildpflanzen für den täglichen Gemüsebedarf verwendete — ja, daß viele dieser Pflanzen sogar kultiviert wurden, dann aber langsam in Vergessenheit gerieten und wieder verwilderten. Heute sind die meisten dieser wohlschmeckenden Wildpflanzen nur noch Pflanzenkundigen — und diesen auch oft nur aus der Theorie bekannt. Aber Wildpflanzen schmecken genauso gut und auch so unterschiedlich wie unsere Kulturgemüse. Dabei haben sie den Vorteil, daß man sie überall finden kann, selbst in der Stadt.
Die meisten Wildgemüse sind würziger, wasserärmer, eiweißreicher und daher nahrhafter als viele Kulturpflanzen. Eine ganze Reihe hat

darüber hinaus noch besondere Heilkräfte, die auch in diesem Buch kurz angedeutet werden. Durch ihren hohen Anteil an Vitamin C, an appetitanregenden Geschmacks- und Geruchsstoffen haben Wildpflanzen einen gesundheitlichen Wert.

Bei gesunden, gut gewachsenen Wildpflanzen weiß man, daß sie ohne künstliche Anreicherung die richtigen Lebensbedingungen gefunden haben und die Unausrottbarkeit dieser Kräuter beweist, wie lebenskräftig sie sind. Eine Tatsache, die bei ihrer Verwendung als Nahrungsmittel sicher nicht ohne Bedeutung ist.

Da die Pflanzen stets in Pflanzengemeinschaften anzutreffen sind, hat man schnell die nötige Menge für ein Gericht zusammen und kann durch die Mischung verschiedener Sorten immer wieder neue Geschmacksrichtungen ausprobieren. Beim Sammeln achte man darauf, daß die Blüten am besten vormittags, wenn sie noch frisch sind, Blätter und Pflanzenteile dagegen am Nachmittag geschnitten werden sollen, weil die Pflanzen sich bis dahin mit Nährstoffen gefüllt haben.

Dieses Bestimmungsbuch mit seinem kulinarischen Anhang von über 200 Rezepten soll dem Naturfreund und dem Botaniker ebenso Anregung bieten wie dem Feinschmecker oder dem Freund des »einfachen Lebens«. Die Grundzüge des Kochens sollte man allerdings beherrschen, oder, bei Zweifeln in einem Grundkochbuch nachschauen.

Der Feld-, Wald- und Wiesenkoch soll seine Fantasie gebrauchen, selbst Studien treiben, seinen Speisezettel ab und zu durch ein pikantes Wildgemüsegericht bereichern. Die Rezepte sollen nur anregen und zeigen, wie vielseitig diese Pflanzen zu verwenden sind. Überraschungen wird es bei dieser Kocherei genug geben. Die Garzeiten werden immer wieder wechseln, die Konsistenz eines Pürees sich von einem zum anderen Mal ändern, der gekochte Zucker sich mal so, mal so verhalten, der Alkohol wird manchmal gären, manchmal auch kippen. Naturprodukte verhalten sich eben kapriziöser als die genormten Produkte des Lebensmittelmarktes.

Trotzdem habe ich versucht, in einzelnen Kapiteln vor dem Rezeptteil allgemeine Hinweise zu geben, die die Arbeit erleichtern.

Lassen Sie sich einfach faszinieren von dem Gefühl, daß Ihnen ungeahnte Naturschätze zur Verfügung stehen, genießen Sie das Abenteuer, sie zu sammeln und zuzubereiten und — die erstaunten Gesichter Ihrer Bekannten und Freunde, wenn die Embryoblüten des Löwenzahns wirklich wie Rosenkohl schmecken.

Zu den Pflanzenabbildungen

Die Farbtafeln dieses Buches wurden in der zweiten Hälfte des vorigen Jahrhunderts von Elisabeth Schultz (1817—1898) gemalt. Sie gehören zu einem Atlas der wildwachsenden Pflanzen aus der Umgebung von Frankfurt am Main, der 1262 Tafeln enthält. Fast 60 Jahre lang arbeitete Elisabeth Schultz an diesem Werk, das allein aus der Freude an den Pflanzen und an der Malerei entstand und hohe künstlerische Qualität und große botanische Treue zeigt. An Umfang und Vollständigkeit sucht es seinesgleichen. Seit 1898 sind diese Pflanzentafeln im Besitz des Senckenbergmuseums in Frankfurt am Main. Sie wurden mehrfach zusammen mit Bildern von Louise von Panhuys, Pierre Turpin und Maria Sybilla Merian ausgestellt. In diesem Buch wird nun zum ersten Mal ein Teil dieser Sammlung veröffentlicht.

Die zusätzlichen, in schwarz-weiß Tönen gehaltenen Tafeln wurden von Elfriede Michels eigens für dieses Buch hergestellt. Frau Michels ist seit vielen Jahren Mitarbeiterin im Senckenbergmuseum und als Illustratorin vieler wissenschaftlicher Publikationen und mehrerer Sachbücher international bekannt geworden.

Anmerkung des Verlages zur 9. Auflage:

Da einige der in diesem Buch aufgeführten Pflanzen heute teilweise bzw. besonders gefährdet sind und auf der »Roten Liste bedrohter Pflanzenarten« verschiedener Bundesländer stehen, verzichten wir ab dieser Auflage mit dem Abdruck von Rezepten und anderen Verwendungsmöglichkeiten für diese Pflanzen. Wir bitten unsere Leser dafür um Verständnis.

Die Redaktion
des Wilhelm Heyne Verlags

Ackersenf / Wilder Senf

Sinapis arvensis

Beschreibung Die einjährige borstig behaarte Pflanze hat ungeteilte und unten etwas gelappte Blätter. Die oberen Blätter sind sitzend und grob gezahnt. Die schwefelgelben Blüten stehen in einer dichten Traube mit gesenkten Kelchen. Ihnen folgen kleine, vierseitige, deutlich geschnäbelte, glatte Schoten, ungefähr drei Zentimeter lang, die mehrere schwarze Samen enthalten. Sie reifen ungleichmäßig. Immer, wenn eine Kapsel reif ist, springt sie auf.

Verwechslung Mit dem Hederich (Raphanus raphanistrum, Seite 48), dessen Kelche aber locker abstehen, und mit dem weißen Senf (Sinapis alba), dessen Schoten gelbe Samen enthalten. Beide sind auch als Wildgemüse zu gebrauchen.

Vorkommen Wie gesät steht dieses Ackerunkraut auf Äckern und Schutt, Feldern und Wegen.

Blüte Juni bis September.

Sammelgut und Sammelzeit Die jungen Blätter und Stengelspitzen vor der Blüte, später sind sie zu bitter. Die Blütenknospen das ganze Jahr über. Die Samen, wenn die unteren Samenschoten reif sind und zu springen beginnen.

Verwendung Zur richtigen Zeit gepflückt und richtig zubereitet ist der Ackersenf ein gutes Gemüse. Da die Blätter beim Kochen sehr zusammenfallen, braucht man eine große Menge davon. Ackersenf darf nicht nur kurz gedünstet werden, er muß mindestens eine halbe Stunde kochen, ehe man ihn zubereitet. Essig und geschnittene Zwiebeln neutralisieren den etwas bitteren Geschmack. Man kann Senfkraut in kleinen Mengen auch roh essen. Salate gewinnen durch einige feingehackte Senfblätter. Auch feingehackt auf Leberwurst schmeckt er gut. Im Sommer kann man aus den Blütenknospen ein Gemüse machen, das fast wie Brokkoli schmeckt. Man muß nur aufpassen, daß man keines der zu diesem Zeitpunkt schon sehr bitteren Blätter erwischt. Der wilde Brokkoli wird nur etwa drei Minuten in Salzwasser gekocht, dann mit Butter, feingehackter Zwiebel und etwas Essig abgeschmeckt. Ackersenf enthält viel Vitamin A.
Die Samen für die Senfherstellung erntet man am besten, indem man die ganze schotentragende Traube abbricht, wenn die unteren Schoten zu springen beginnen. Man legt die Samenstengel auf eine große Kunststoff-Folie, läßt sie in der Sonne einige Tage trocknen und klopft die Samen dann heraus. Die sauberen, trockenen Samen kann man in einer Kaffeemühle, aber auch im Mixer zerkleinern.

Adlerfarn

Pteridium aquilinum

Beschreibung Die oft mehr als mannshohen Wedel dieses Farns gehören zu den größten Blättern unserer heimischen Pflanzenwelt und überziehen oft weite Waldstrecken. Die großen Blattwedel sitzen meist in Dreiergruppen an hohlen und festen Stielen. Diese Stiele sind glatt, oben gelblichgrün und unten schwärzlich braun. Die gegenständigen Blattwedel sind ein wenig wie Adlerflügel gebogen und zwei- oder dreimal gefiedert. Die kleinen, hellgrünen, lederartigen Blättchen oder Fiederchen sind länglich oder lanzettlich und stumpf und stehen am Ansatz zusammen. Die Sporenhäufchen sind randständig und vom umgerollten Rand der Blättchen bedeckt.

Vorkommen In lichten Wäldern.

Der Adlerfarn steht heute unter Naturschutz.

Bachbunge / Quellen-Ehrenpreis

Veronica beccabunga

Beschreibung Das aus einem kriechenden Wurzelstock hervorgehende, ausdauernde Kraut wird 5—60 cm hoch und hat einen am Grunde liegenden, dann aufsteigenden, dicken, saftigen Stengel mit Knoten, die sich bewurzeln. Die gegenständigen, ovalen Blätter sind kurz gestielt, am Rand glatt oder schmal gesägt, saftig und glänzend. Aus den Blattwinkeln kommen die schief abstehenden, lockeren Blütentrauben mit den hübschen azurblauen Einzelblütchen heraus. Die Fruchtkapsel ist fast herzförmig oder kugelig und steht mit ihrem Stiel fast waagrecht von der Achse ab.

Vorkommen Überall in Deutschland, Ebene und Bergland. An Ufern, Bächen, Gräben und Quellen mit fließendem Wasser, an Ufern von stehenden Gewässern, überhaupt an allen nassen Orten.

Blüte Mai bis September.

Sammelgut und Sammelzeit Die jungen Sprossen der noch nicht blühenden, und die Blätter der blühenden Pflanze.

Verwendung Wie bei allen Wasserpflanzen müssen die Blätter erst mehrmals gründlich gewaschen werden.
Die jungen Blätter und Sprossen kann man allein oder mit anderen Wildkräutern zusammen (besonders mit Brunnenkresse [Seite 30]: etwa 2 Teile Bachbunge und 3 Teile Brunnenkresse) als Salat zubereiten.
Sie können auch, wie die Brunnenkresse, klein zerhackt und etwas gesalzen auf Butterbrot gegessen werden. Kocht man die Bachbunge als Gemüse, sollte man sie mit anderen Kräutern mischen, da ihr Geschmack ziemlich bitter ist.

Bärenklau

Heracleum sphondylium

Beschreibung Die ein- bis eineinhalb Meter hohe, steifhaarige Doldenpflanze hat stark gerillte, hohle Stengel, einfach gefiederte oder tief fiederspaltige Blätter mit gelappten Fieder-Blättchen, aufgeblasener Blattscheide und weißblühenden oder grünlichgelben Dolden mit wenig blättriger Hülle und vielblättrigen Hüllchen. Die Randblüten der Dolden sind größer als bei ähnlichen Doldengewächsen.

Verwechslung Wie die Mehrzahl der Doldengewächse ist der Wiesen-Bärenklau nicht leicht zu bestimmen.

Vorkommen Auf Wiesen, in Gebüschen, an Waldrändern und Ufern.

Blüte Juni bis Oktober.

Der Bärenklau gehört heute zu den besonders geschützten Pflanzen.

Bärenlauch / Bärlauch / Wilder Knoblauch

Allium Ursinum

Beschreibung Eine 15 bis 40 cm hohe Pflanze mit dünner, aufrechter Zwiebel und mit zwei grundständigen, langgestielten, länglichen Blättern — wie Maiglöckchenblätter. Der Stengel ist im Querschnitt dreieckig und trägt an seinem oberen Ende eine flache, vielblütige Dolde weißer Blüten.

Vorkommen Die nach Knoblauch duftende Pflanze wächst zerstreut in schattigen und feuchten Wäldern und Parks, manchmal so massenhaft, daß der Waldboden durch die schönen weißen Dolden wie beschneit aussieht.

Blüte Mai bis Juni.

Der Bärenlauch gehört zu den geschützten Pflanzen; sein Bestand ist in einigen Teilen der Bundesrepublik Deutschland stark gefährdet.

Barbarakraut / Winterkresse

Barbarea vulgaris

Beschreibung   Das ausdauernde Kraut wird 30 bis 80 cm hoch und hat einen aufrechten verästelten Stengel. Die Blätter sind sattgrün und glänzenddick, die unteren rosettig, sehr groß mit 5 bis 9 Paar Seitenfiedern und mit rundlichem Endblättchen. Die oberen sind gezähnt und stengelumfassend. Die kleinen abstehenden, gestielten Blüten stehen in einer gedrängten reichblütigen Traube, die nach dem Aufblühen mehr in die Länge geht. Das Kronenblatt ist goldgelb, fast doppelt so lang als der Kelch. Die 1,5 bis 2,5 cm langen Samenschoten stehen ab. Im Winter verliert das Kraut nur in längerer, schneeloser Frostzeit die Blätter. Es ist leicht an den dichten, frischen Blattrosetten zu erkennen und am deutlichen kresseartigen Geschmack.

Vorkommen   Von der Ebene bis in die unteren Alpen, an Zäunen, Wegen, Gräben, Gebüschen, an Bächen, Flüssen und Dämmen. Gern an feuchten Stellen, besonders auf Lehmboden. Oft als Unkraut in Äckern.

Blüte   April bis Juni.

Sammelgut und Sammelzeit   Die jungen Blätter der Grundrosetten an schneefreien Wintertagen bis ins Frühjahr.

Verwendung   Die im Frühjahr gepflückten Blätter der Grundrosette geben einen guten Salat, der kresseartig schmeckt. Ebenso kann man aus diesen, wie auch aus den im Winter geernteten Blättern ein spinatartiges Gemüse kochen.

Beinwell / Schwarzwurz

Symphytum officinale

Beschreibung Ein verästelter, steifhaariger, hohler, bis 1 m hoher Stengel entspringt einem dicken, saftigen, außen schwarzen, innen weißen Wurzelstock. Auch die breit-lanzettlichen Blätter sind rauh behaart. Die unteren sind gestielt, die oberen sitzend und am Stengel herablaufend. Die glockenförmigen, honighaltigen Blüten sind hell- bis dunkelviolett, seltener gelblichweiß und stehen in überhängenden langgestielten Trauben. Die Frucht besteht aus vier schwarzbraunen einsamigen Nüßchen.

Vorkommen In Deutschland häufig, vorwiegend im Flachland, auf feuchten Wiesen und Abzugsgräben, Salztriften, Salinen, feuchten, schattigen Wald- und Wegrändern, an Bachufern.

Blüte Mai bis September.

Sammelgut und Sammelzeit Die Sprossen im Frühjahr. Die jungen Blätter und Stengel fast den ganzen Sommer hindurch.

Verwendung Die jungen Sprossen kann man wie Spargel oder als Salat zubereiten. Aus den jungen Blättern dünstet man ein Gemüse, das man mit Pfeffer und Sahne abschmeckt. Roh gehackt, mit Fett und Mehl ein wenig angeröstet und nur leicht gesalzen, schmeckt das Gericht leicht süßlich. Man füllt die angeröstete Masse nach Belieben mit Fleischbrühe oder Milch auf. Gut ist eine Mischung mit Giersch (Seite 40) oder Brennesseln (Seite 26).

Als Wundmittel bei Beinschäden und Knochenbrüchen stand die fleischige, schleimreiche Wurzel des Beinwell in der Volksmedizin in hohem Ansehen.

Berberitze / Sauerdorn

Berberis vulgaris

Beschreibung Ein ein bis drei Meter hoher Strauch mit büschelig ange-
ordneten Blättern, die verkehrt eiförmig und fein, aber scharf gesägt sind.
Seine in der Jugend rutenförmigen, rötlichen Zweige verholzen im Alter
und bekommen eine schmutzig-braune Rinde. Als besonderes Merkmal
haben die Langtriebe am Grunde der Blätter zumeist dreiteilige Dornen.
In ihren Achseln entspringen laubblattragende Kurztriebe und die endständigen, traubig-herabhängenden Blütenstände mit duftenden leuch-
tendgelben Blütenblättern, die wie kleine Röschen geformt sind. Aus
ihnen entwickeln sich im Herbst die scharlachroten länglichen Beeren. Die
Rückseite der Blätter beherbergt oft den gefürchteten Getreiderost. Die
Wurzeln des Strauches enthalten einen gelben Farbstoff, das Berberin.

Vorkommen Verstreut an trockenen und sandigen Orten, häufig angepflanzt. Besonders in Süddeutschland in Hecken, Gebüschen, an Rainen
und in lichten Wäldern.

Blüte April bis Juni.

Sammelgut und Sammelzeit (Bitte beachten: In Bremen und Niedersachsen steht die Berberitze auf der »Roten Liste«!) Die Beeren im
August bis September. Die Ernte der angenehm säuerlich schmeckenden
Früchte ist durch die Dornen nicht gerade angenehm. Aber sie bleiben
dafür monatelang am Strauch hängen und man braucht wegen des starken Säuregehaltes immer nur geringe Mengen von ihnen. Andere Teile
des Strauches sollten nicht gegessen werden, da sie leicht giftig sind.

Verwendung Die Beeren werden gemischt mit süßeren Früchten zu Mus,
Marmelade, Gelee (sie gelieren gut) und Saft verarbeitet. Letzteren kann
man wie Zitronensaft verwenden. Die jungen Blätter und zarten Triebe
kann man dörren und Tee daraus machen. Man schneidet die Frucht-
trauben am besten ab, wenn es schon ein paarmal gefroren hat, dann sind
sie nicht mehr so sauer. Will man Saft daraus machen, werden die Beeren
von den Stielen befreit und ausgepreßt. Man muß aber darauf achten, daß
man die Kerne nicht zerdrückt, weil der Saft sonst bitter wird.

Der reine oder mit Zucker eingekochte Saft der Beeren wird bei Lungen-,
Leber- oder Darmerkrankungen empfohlen. Auch bei Steinbildung in
Gallenblase und Leiden der Harnorgane soll er helfen.

Große Brennessel

Urtica dioica

Beschreibung Die Brennessel mit ihrem ausdauernden, kriechenden, verzweigten Wurzelstock wächst praktisch überall. Der aufrechte Stengel ist vierkantig und 30 bis 150 cm hoch. Die daran kreuzgegenständig stehenden, länglich-herzförmigen Blätter sind dunkelgrün, tief-geadert (das Blatt sieht fast runzlig aus), am Rande grob gesägt und auf beiden Seiten mit Brennhaaren besetzt. Die Brennhaare der Brennessel sind glasartig spröde Zellgebilde, deren Spitze in die Haut eindringt und die in ihr befindliche Flüssigkeit entleert. Es kommt zur bekannten Rötung und Blasenbildung. Die blattachselständigen, grünlichen Blüten sind unscheinbar und klein und sitzen an büscheligen, lockeren Rispen, die länger als die Blattstiele sind.

Verwechslung Mit der kleinen Brennessel (Urtica urens), die auch verwendbar ist.

Vorkommen Überall sehr verbreitet an Häusern, Hecken, Zäunen, Waldrändern, Flußufern, Gräben, in feuchtem Niederwald, an Wegen und Straßen, auf Schutt und wüsten Plätzen, bei Ruinen, auf Weiden. Als Unkraut in Gärten. Sehr häufig in der Nähe menschlicher Wohnungen auf stickstoffhaltigen Böden.

Blüte Juni bis Oktober.

Sammelgut und Sammelzeit Die jungen Sprossen und Blätter von der Blüte im März bis Juni. Man sollte beim Sammeln Handschuhe anziehen.

Verwendung Die jungen Triebspitzen mit den zarten Blättern kann man entweder allein oder gemischt mit Löwenzahn (Seite 72), Sauerampfer (Seite 106), Melde, Giersch (Seite 40) oder anderen mildschmeckenden Kräutern als Gemüse kochen. Frische junge Brennesseln können feingehackt unter Quark gemischt werden. Man sollte sie vorher kurz abbrühen. Im Mittelalter verwendete man die frischen Nesseln zu sogenannten Urtikationen, d. h. man peitschte bei rheumatischen Leiden die betreffenden Körperstellen mit frischen Nesselpflanzen. Durch die dadurch hervorgerufene Hautentzündung entsteht eine gesteigerte Durchblutung der Haut sowie der darunter gelegenen Organbezirke. Durch ihren großen Reichtum an Eisen und Chlorophyll ist die Brennessel besonders blutbildend. Sie wirkt auch blutreinigend und blutstillend, schleimlösend, auswurffördernd und wassertreibend. Man gibt sie innerlich bei Verschleimung von Brust und Lunge, Hautausschlägen und Entzündungen der Harnwege als Tee.
Aus dem Stengel der Brennessel kann man Textilfasern herstellen, da er ähnlich wie der Lein sehr lange und feste Bastfasern besitzt.

Brunelle

Prunella vulgaris

Beschreibung Das ausdauernde Kraut wird bis zu 30 cm hoch und wächst aus einem ästigen Wurzelstock mit Ausläufern. Die kriechenden oder aufsteigenden, wurzelnden vierkantigen Stengel sind innen markig, schwach behaart, oft rötlich überlaufen und haben aufsteigende Blütenzweige. Auch die ovalen ganzrandigen oder gezähnten Blätter sind auf beiden Seiten zerstreut behaart. Die blau-violetten Blüten sind am Ende des Stengels zu einer Scheinähre kopfig gehäuft.

Verwechslung Mit der etwas größeren und kräftigeren Prunella grandiflora jacq, die aber ebenfalls verwertbar ist.

Vorkommen In ganz Deutschland auf kalkhaltigem Boden. Häufig auf Wiesen, Weiden, Grasplätzen, Hecken, an Wegen und Waldrändern, auf Brachfeldern. Die Brunelle ist eine ausgesprochene Trockenpflanze.

Blüte Juni bis September, nach der Mahd oft noch einmal.

Sammelgut und Sammelzeit Die jungen Blätter und Triebe vor der Blüte, April bis Mai.

Verwendung Zu Kräutersuppen, als Rohkost und Salat und als Gemüse gemischt mit anderen Wildkräutern.

Brunnenkresse
Nasturtium officinale

Beschreibung Die ausdauernde, 30 bis 90 cm lange Pflanze findet man das ganze Jahr hindurch in fließendem Wasser. Die über den Grund kriechenden hohlen Stengel halten sich durch zahlreiche Nebenwurzeln am Boden fest. Die über die Wasseroberfläche hinausragenden bitter schmeckenden Blätter sind gefiedert mit fünf bis neun rundlichen Blättchen. Die unscheinbaren kleinen weißen Blütchen stehen in einer endständigen Scheindolde und haben gelbe Staubgefäße. Im Winter stirbt die Pflanze nicht ab, sondern behält ihre grünen Blätter, solange das Wasser nicht zufriert.

Verwechslung Das am gleichen Standort wachsende bittere Schaumkraut (cardamine amara) mit violetten Staubbeuteln.

Vorkommen In klarem, fließendem, gleichmäßig erwärmtem Wasser, in Quellen, Flüssen und Gräben, die auch im Winter nicht zufrieren. Auch auf nassen Wiesen. Es können sich metertief unter dem Wasserspiegel ganze Rasen von Brunnenkresse bilden.

Blüte Mai bis September.

Sammelgut und Sammelzeit Die Triebspitzen kann man bereits in einer Zeit sammeln, wenn die Bäche kein Eis mehr haben, aber noch Schnee auf den Feldern liegt, also im Winter und im Frühjahr. Während der Blüte schmeckt die Brunnenkresse scharf.

Verwendung In kleinen Mengen roh zu Bratkartoffeln oder zu gekochten Eiern, fein gehackt auf Butterbrot oder mit Butter und ganz wenig Salz gemischt zu Kräuterbutter.
Als Salat angemacht, auch gemischt mit Löwenzahn (Seite 72) und Brennessel (Seite 26). Wer den scharfen Geschmack nicht liebt, kann sie mit Kartoffelsalat, Roten Rüben, Äpfeln, Sellerie oder milderen Wildsalatkräutern, Rapünzchen (Hopfen, Seite 54) vermischen.
Allein wie Spinat gekocht oder mit Spinat gemischt als Gemüse oder Suppe. Der ausgepreßte Saft eignet sich als Würze zu Kräutersuppen und Soßen und als Frischsaft.
Um die Insektenlarven zu entfernen, gibt man ins erste Waschwasser Salz oder Essig.

Brunnenkresse wird vor allem zu Frühjahrskuren benutzt. Sie wirkt blutreinigend, stoffwechsel- und wassertreibend. Das frische Kraut, zerstoßen und aufgelegt, soll Hautunreinheiten und Sommersprossen vertreiben. Die Griechen verwandten den Samen als Beimischung zu Liebesträken.

Echte Engelwurz
Angelica archangelica

Beschreibung   Die sehr stattliche zwei- bis vierjährige Pflanze erreicht eine Höhe bis zu zwei Meter. Ihre runden, gerillten, hohlen, nach oben ästig verzweigten Stengel sind durch einen Wachsüberzug bläulich bereift. Nach oben sind sie oft purpurrot angelaufen. Bei den kahlen, unterseits blaugrünen Blättern sind die unteren dreifach gefiedert und mit schiefherzförmigen Blättchen, die Endfiedern sind dreilappig, die oberen einfach fiederteilig. Sie sitzen auf auffallend großen und bauchigen Blattscheiden. Die nach Honig duftenden, grünlich-weißen Blüten stehen in halbkugeligen Dolden, die sich wiederum aus 30 bis 40 Doldenstrahlen mit kurzen, borstigen Hüllenblättchen zusammensetzen.

Verwechslung   Mit der Waldengelwurz/Brustwurz (Angelica silvestris), die aber weiße oder rötlich weiße Blüten trägt und gerillte Blattstengel hat. Man kann sie aber auch verwenden. Ebenso mit dem gefleckten Schierling (Comum maculatum), der sehr giftig ist (siehe Seite 92).

Vorkommen   Zerstreut auf feuchten Wiesen und in Laubwäldern im deutschen Mittelgebirge, in Schluchten höherer Gebirge, an der Nord- und Ostseeküste sowie an Flußufern, in Sümpfen und Gräben.

Blüte   Juli bis August.

Sammelgut und Sammelzeit   Die jungen Blätter und Stengeltriebe vor der Blüte. Die Wurzeln; ihr Geschmack ist brennend bittersüß, der Geruch moschusartig. Die Stengel sind milder im Geschmack.

Verwendung   Die geriebenen, durchdringend würzig riechenden, jungen Blätter und Stengeltriebe als Suppe und Mischgemüse. Die jungen, saftigen Stiele werden abgeschält, als Stielmus gekocht oder in Zuckerlösung eingekocht. Die armdicken, fleischigen Wurzeln der Engelwurz, aus denen man den berühmten Angelica-Likör (Seite 204) macht, kann man als magenstärkendes Mittel trocken in gepulvertem Zustand wie auch als Tee verwenden.

Aus »Von der Haushaltskunst im Kriege«   Im Mittelalter war die Engelwurz neben Bibernelle, Enzian, Wacholderbeere und Blutwurz in allen Klostergärten zu finden. Sie galt als Heilmittel gegen die Pest. Die kandierten Stengel und Wurzelstücke wirken magenstärkend.
»Die Stengel werden von den Lappländern geschält, ehe die Krone sich auftut, und hernach roh gegessen, da sie dann wie Äpfel schmecken und so gesund sind.«
Als Zauber- und Sympathiemittel   Die Engelwurz gilt auch als Abwehrmittel gegen Verzauberung und Hexerei. Wer sie bei sich trägt, wird angeblich von jedermann geliebt.

Eselsdistel

Onopordum acanthium

Beschreibung Die Eselsdistel ist 1 bis 2 m hoch und hat dicke, purpurrosa Blütenköpfchen, die denen der gewöhnlichen Felddisteln gleichen. An den Stengeln sitzen breite, stachelige Flügel, und die großen breitgezähnten Blätter, deren Lappen in Stacheln auslaufen, sind im Jugendstadium von einem weißen, wolligen Überzug bedeckt. Der Haarschopf (pappus) der Frucht ist rötlich.

Verwechslung Mit den gewöhnlichen Disteln (Carduus) und Kratzdisteln (Cirsium), die ungefähr 80 bis 100 Arten umfassen, von denen die meisten auf der »Roten Liste« stehen.

Vorkommen Auf Hügeln, an Waldrändern, auf Weiden, Äckern, Schutt und Brachland in fast ganz Europa und Asien.

Blüte Juni bis September.

Sammelgut und Sammelzeit Die jungen Pflanzen vor der Blüte. Die Blütenknospen. Die Wurzeln im Frühjahr bei der Feldbestellung.

Verwendung Die Knospen (Basen der Blütenköpfchen) können wie Artischocken gegessen werden. Die jungen Pflanzen befreit man von den Stacheln, hackt sie fein, schmort sie in Butter an und kocht sie in Salzwasser weich.

Aus den gereinigten, getrockneten und gemahlenen Distelwurzeln soll man ein Mehl erhalten, das angenehm nach Malz duftet.

Gänseblümchen

Bellis perennis

Beschreibung Das bekannte Wiesenblümchen mit ausdauerndem walzigem faserigem Wurzelstock hat eine grundständige Blattrosette, mit spatelförmigen, stumpfen, in den Stiel verschmälerten, zerstreut-behaarten Blättern, die am Rande leicht gekerbt sind. Aus ihrer Mitte steigen 3 bis 15 cm hohe, blattlose, nur leicht und kurz behaarte Blütenstengel mit nur je einem Blütenkörbchen auf. Diese enthalten in einem halbkugeligen Hüllkelch auf einem hohlen Blütenboden eine etwa vier bis fünf mm breite Scheibe von zahlreichen zwitterigen, gelben Röhrenblütchen. Die weiblichen Randblüten des Körbchens sind zungenförmig, weiß, mit einem an der Spitze und besonders an der Außenseite purpurnen Anflug. Die Blüten schließen sich bei Nacht und feuchtem Wetter.

Vorkommen Überall, fast zu jeder Jahreszeit auf Grasflächen, Wiesen und Weiden, bevorzugt auf lehmhaltigem Boden.

Blüte März bis September. Fast das ganze Jahr, wenn kein Schnee liegt.

Sammelgut und Sammelzeit Die jungen Blätter der Grundrosetten und die noch harten grünen Blütenknospen fast das ganze Jahr. Der Geschmack ist angenehm nußartig.

Verwendung Die jungen Blätter gehackt und mit Schnittlauch, Zwiebel, etwas Quendel oder anderen Würzkräutern auf Butterbrot und in Kräutersuppen, zusammen mit Feldsalat, Pimpinelle und Sauerampfer (Seite 106). Wie Feldsalat mit Essig, Salz oder Zucker oder etwas saurer Sahne angemacht, erhält man einen Salat, den man auch gut mit Kartoffelsalat mischen kann. Der Salat schmeckt besser, wenn man ihn mindestens eine Stunde ziehen läßt.
Als Gemüse zusammen mit Sauerampfer (Seite 106), Gartenspinat und Brennesseln (Seite 26). Die kleinen Blütenknospen können wie Kapern in Estragon-Essig eingelegt werden.
Schon im Mittelalter benützte man Gänseblümchen-Salat zur Stuhlregulierung. Er soll auch für die Leber gut sein. Im Frühling einige Wochen lang täglich das kleingehackte Kraut unter Salate und Quark gemischt, ist die beste Blutreinigungskur.
Der frische Saft des blühenden Krautes mit Honig gesüßt, ist ein Hausmittel bei Erkrankung der Atmungsorgane.

Als Zauber- und Sympathiemittel »Wer getrocknete Gänseblümchen bei sich trägt, die am Johannistag mittags zwischen 12 und 1 Uhr gepflückt wurden, dem geht keine wichtige Arbeit schief.«

Gänsefuß / Weiße Melde

Chenopodium album

Beschreibung Da die Pflanze auf jedem Boden wächst, kann sie in der Höhe von 10 cm bis über 150 cm variieren und ist äußerst vielgestaltig. Unweit von verkümmerten, fingerlangen Zwergformen findet man — auf stark gedüngtem Boden z. B. — oft meterhohe, üppige Riesenpflanzen. Der aufrechte ästige Stengel trägt dreieckige oder rautenförmige, gezähnte Blätter mit einem weißlich-mehligen Überzug. Die unscheinbaren grünlichen Blüten stehen in dichten Knäueln in einem pyramidenförmigen Blütenstand. Die Blütenhülle ist zur Fruchtzeit häufig fleischig und rot.

Verwechslung Mit der Ruten-Melde (Atriplex patulum) und der Spieß-Melde (Atriplex hastatum), die ähnlich aussehen, an den gleichen Orten wachsen und auch verwertbar sind. Die meisten Melden- und Gänsefußarten sind als Wildgemüse brauchbar. Sie sind geruchlos oder riechen schwach würzig. Die ungenießbaren Arten kann man leicht herausfinden, wenn man die Blätter zerreibt. Sie riechen widerlich.

Vorkommen Auf Äckern, Schutt und wüsten Plätzen, bebautem Boden, an Zäunen, Wegen und Dorfstraßen.

Blüte Juni bis September.

Sammelgut und Sammelzeit Die jungen Blätter und Zweigspitzen. Von Mitte Frühjahr bis zum ersten Frost kann man immer wieder junge Pflanzen von weniger als 30 cm Höhe finden, die gerade richtig zum Essen sind. Im Frühjahr nimmt man die ganze Pflanze, später nur die Zweigspitzen.
Die Samen zu Winterbeginn, wenn die Rispen trocken sind.

Verwendung Wegen ihres massenhaften Vorkommens eine der wichtigsten Wildgemüsepflanzen. Auch für Suppe, Salat und Kräutersaft geeignet. Die Kochzeit ist etwas länger als für Spinat, aber vorheriges Abbrühen ist nicht nötig. Der Geschmack ist spinatartig mild. Wer schärfere Kost liebt, kann Sauerampfer (Seite 106), Gundermann (Seite 42) oder Bachbunge (Seite 14) zusetzen. Die Pflanze enthält viel Calcium, Protein und Eisen.
Um die Samen zu sammeln, hält man einfach einen Eimer unter die Zweige und streift sie ab. Man reibt die Hülsen zwischen den Händen, um die Samen von der Spreu zu trennen. Diese kleinen schwarzbraunen Samen sind nicht nur ein gutes Vogelfutter, sondern sie ergeben auch Mehl, das ähnlich wie Buchweizen schmeckt, wenn man sie in der Handmühle mahlt.

Giersch / Geißfuß

Aegopodium podagraria

Beschreibung Ein ausdauerndes, fast kahles Kraut mit kriechendem Wurzelstock, dessen unterirdische, sternförmige Ausläufer sehr stark wuchern. Der bis zu 1 m hohe, aufrechte, hohle, kantig gefurchte Stengel ist nach oben verästelt. Die grundständigen Blätter an langen Stielen sind doppelt dreizählig; die Fiederblättchen oval bis lanzettlich, am Rande ungleich scharf gesägt, das endständige am Grund abgerundet, die seitlichen schief herzförmig, häufig zweilappig. Die Blütendolden sind ziemlich groß, mit 12—20 oder mehr gleichlangen Strahlen und zahlreichen weißen, selten rosafarbenen, kleinen Blüten.

Verwechslung Mit dem Hecken-Kälberkropf (Chaerophyllum temulum), der aber stark behaart ist und doppelt bis dreifach gefiederte Blätter hat.

Vorkommen Die meterhohe Doldenpflanze ist von der Ebene bis in die Voralpen weit verbreitet. Sie wächst in schattigen Wäldern, an Hecken, Zäunen, im Gebüsch und in Wiesen, an Waldrändern, an Bach- und Flußufern, auf Feldern. Als lästiges Unkraut in Gärten und Parks.

Blüte Mai bis September.

Sammelgut und Sammelzeit Die ganz jungen, halb entfalteten, noch glänzenden Grundblätter im Frühjahr vor der Blüte. Aber auch später sind die Pflanzen noch gut verwendbar. Manche mögen den würzigen Petersiliengeschmack, der sich bei älteren Blättern deutlich bemerkbar macht, besonders gern.

Verwendung Aus den jungen Blättern und Stengeln der noch nicht blühenden Pflanze bereitet man — allein oder gemischt mit anderen Kräutern — Salat, Suppe und Gemüse zu. Sehr gut ist eine Mischung mit Löwenzahn (Seite 72), Brennessel (Seite 26), Schafgarbe (Seite 108), Sauerampfer (Seite 106), Wiesenknöterich (Seite 138), Bachbunge (Seite 14), Tripmadam (Seite 122) und Sauerklee. Von den Stielen der jungen Blätter kann man auch Stielmus kochen.

In der Volksmedizin benutzt man das zerquetschte Kraut bei Rheuma und Ischias, bei Insektenstichen und Wunden.

Gundermann / Gundelrebe

Glechoma hederacea

Beschreibung Ein ausdauerndes, sehr aromatisch riechendes, immergrünes Kraut mit dünnem, faserigem Wurzelstock. Die zarten, blütentragenden Stengel sind kurz aufsteigend. Nach dem Verblühen legen sie sich auf den Boden, schlagen Wurzeln und wachsen als Kriechtriebe weiter. Die Blätter sind nierenförmig, am Rande grob gekerbt und hellgrün. Die in Scheinquirlen in den Laubblattachseln stehenden deutlich gestielten zwei bis sechs Blüten sind blau bis hellviolett, selten rosa oder weiß.

Vorkommen In ganz Deutschland verbreitet, ausgenommen im oberen Bergland, hauptsächlich an feuchten, schattigen Stellen, auf Grasplätzen, Wiesen und Weiden, Äckern, in Wäldern, im Gebüsch, an Mauern, Hecken, Zäunen, Wegen und Grabenrändern.

Blüte März bis Juni.

Sammelgut und Sammelzeit Die jungen Blätter und Triebe vor der Blüte. Die Pflanze riecht gerieben streng würzig.

Verwendung Wegen des würzigen und kräftigen Geschmacks lassen sich die Blätter und jungen Sprossen gut zu Rohkost, Salaten, Wildkräutersuppen, Mischgemüse und Kartoffelgerichten verwenden. Eine kleine Menge, sauber gewaschen und feingehackt, unter Quark gemischt — manche geben noch etwas Butter, Salz, feingeschnittene Zwiebel, Petersilie und falsche Kapern dazu — gibt einen gesunden Brotaufstrich. Wem der Geschmack zunächst zu herb und streng ist, kann die Blätter vorher abbrühen oder auch nur in heißem Wasser einige Minuten ziehen lassen.

Äußerlich wird Gundermann zu Umschlägen in einer Abkochung von 10 g auf $\frac{1}{2}$ l Wasser angewandt. Als Kräuterzusatz zum Bad nimmt man eine Handvoll Pflanzen und übergießt sie mit kochendem Wasser. Diese Bäder heilen schlechtheilende Wunden und wirken schmerzstillend bei Neuralgien, Ischias, Gicht und Zahnschmerzen.

Innerlich wird die Pflanze zur Anregung des Stoffwechsels, bei Schwäche im Verdauungstrakt, mangelhafter Blutbildung, bei Bronchialasthma, Erkrankungen der Atemorgane angewandt.

Als Zauber- und Sympathiemittel Bei den Germanen stand Gundermann als Sitz der Hausgeister in hohem Ansehen. Im Volksglauben hilft Gundermann ebenso gegen die »Behexung« des Viehs, wie auch zur Erkennung von Hexen. Daß Gundermann »hellseherisch« macht, ist ein weitverbreiteter Aberglaube. Als Sympathiemittel bei Mundfäule, Kopfschmerzen und als Wundheilmittel muß man eine ungerade Zahl der Gundermannblätter anwenden.

Guter Heinrich

Chenopodium bonus-henricus

Beschreibung Die immergrüne Pflanze mit dem meist aufrechten, kräftigen Stengel wird etwa 15 bis 60 cm hoch. Die gestielten, dunkelgrünen, spießförmig dreieckigen Blätter fühlen sich glatt und etwas klebrig an. Nach oben hin werden sie kleiner. Die ganze Pflanze sieht aus, als sei sie mit Mehl bestäubt. Sowohl aus der Spitze des Stengels wie aus den oberen Blattwinkeln gehen zahlreiche kleine, weißlich-grüne Blüten in büscheligen Ähren hervor, welche zusammen eine schmale, endständige Rispe bilden.

Verwechslung Nicht brauchbar sind die ähnlichen Gänsefußarten: der stinkende Gänsefuß oder Bocksbart (Chenopodium vulvaria), der beim Zerreiben widerlich nach Heringslake riecht, ebenso der Unechte Gänsefuß (Chenopodium hybridum) und der Mauer-Gänsefuß (Chenopodium murale), die ebenfalls schlecht riechen und schmecken.

Vorkommen Vor allem auf stickstoff- und salzhaltigem Boden, auf Schutt, an Wegen, Dorfstraßen, an Zäunen, meist nicht weit von Wohnungen.

Blüte Mai bis September.

Der Name erinnert an die Legende vom aussätzigen Armen Heinrich. Früher diente das Kraut als Heilmittel gegen Hautkrankheiten. Heute zählt sie leider zu den gefährdeten Pflanzenarten.

Heckenrose / Hundsrose
Rosa cania

Beschreibung Die Heckenrose ist ein Strauch mit überhängenden Stämmen und Ästen, der mehrere Meter hoch werden kann. Die Äste sind besetzt mit kahlen, einfach oder doppelt gesägten, am Grunde beiderseits geflügelten fünf- bis siebenzählig gefiederten Blättern und derben, sichelförmig gekrümmten Stacheln. Aus der fleischig gewordenen Achse wachsen die einfachen, meist weißen oder hellrosafarbenen Blüten. Aus ihnen gehen im Herbst die roten, fleischigen, krugförmigen Scheinfrüchte (Hagebutten) hervor, in denen die steinharten, einsamigen, von scharf stechenden Borstenhaaren umhüllten Schließfrüchte verborgen sind.

Vorkommen Auf kalkhaltigem Boden bis in die mittleren Regionen der Berge, in Hecken, Gebüschen, Wäldern und an Waldrändern.

Blüte Mai bis Juni.

Sammelgut und Sammelzeit Die roten länglich-ovalen Scheinfrüchte, die Hagebutten, Anfang Oktober. Die Rosenblätter.

Verwendung Die Hagebutte ist neben der schwarzen Johannisbeere eine unserer Vitamin-C-reichsten Früchte. Man macht daraus Tee, Marmelade, Saft, Suppen, Soßen, Essig, Likör und einen Wein mit ausgesprochenem Südweincharakter (Seite 204). Bevor man die Früchte verarbeitet, muß man sie aufschneiden und Früchtchen und Haare entfernen. Da die Härchen Juckreiz (Juckpulver!) hervorrufen, zieht man dabei am besten Handschuhe an. Zu Suppen und Tee kann man auch getrocknete Hagebutten verwenden, die man vor Gebrauch etwa 12 Stunden in warm gehaltenem Wasser quellen läßt und in demselben Wasser kocht. Die Kerne, durch Waschen und Absieben von den borstenartigen Haaren befreit, können ebenfalls als Tee zubereitet werden. Man kocht sie eine halbe Stunde und erhält ein wohlschmeckendes, rotgefärbtes Getränk. Am besten zerstößt man sie vorher und setzt sie über Nacht kalt an. Zur Bereitung von Tee aus Hagebuttenschalen setzt man 2 Teelöffel voll mit 1 Tasse Wasser kalt an und läßt sie etwa 10 Minuten aufkochen. Besonders ergiebig sind die großen Früchte der Apfelrose (rosa pomifera) und Kartoffelrose (Rosa rugosa), die oft angepflanzt werden.
Der Tee aus den Kernen ist nieren- und blasenreinigend.

Als Zauber- und Sympathiemittel »Kaue und esse täglich drei Wacholderbeeren und drei Hagebuttenschalen, ganz gleich, ob du gesund oder krank bist.« Dieses Mittel, um gesund zu bleiben und leichte Krankheiten zu überwinden, kannten schon die Rittersleute.

Hederich / Wilder Rettich

Raphanus raphanistrum

Beschreibung Das aufrechte, hellgrüne Kraut wird etwa 30 bis 60 cm hoch. Die Stengel sind etwas verzweigt, am unteren Teil mit wenigen steifen Haaren besetzt, am oberen Teil bläulich bereift. Die unteren Blätter sind gestielt, seitlich mit mehreren, ungleich stumpf gezähnten, verschieden großen Lappen versehen und borstig behaart. Die oberen Blätter gehen schmal in den Stiel über. Die vierblättrigen blaßgelben, seltener weißen Blüten bilden am oberen Teil des Stengels eine lockere, aufrechte Traube. Der Hederich hebt den Kelch. Die langen Fruchtschoten stehen aufrecht, sind perlschnurartig eingeschnürt und zerfallen in Teilfrüchtchen.

Verwechslung Mit dem Ackersenf (Sinapis arvensis, Seite 10), bei dem aber die Kelche locker abstehen und die Blüten goldgelb sind, und dem Weißen Senf (Sinapis alba), der auch goldgelbe Blüten hat.

Vorkommen Als lästiges Unkraut auf Äckern, Rainen und bebautem Boden. Liebt besonders sandigen, lehmigen Boden.

Blüte Mai bis Oktober.

Sammelgut und Sammelzeit Junge Blätter und Sprossen, deren Geschmack an Rettich oder Radieschen erinnert, im Frühjahr, vor der Blüte. Die Samen September bis Oktober.

Verwendung In Salzwasser erst eine halbe Stunde gekocht und wie Spinat zubereitet als Gemüse, zu Kräutersuppen und als Salat. Aus den Samen kann man auch Senf machen.

Hirtentäschel

Capsella bursa pastoris

Beschreibung Das einjährige Kraut hat eine dünne, oft sehr tiefgehende Pfahlwurzel. Die grundständigen, gestielten Blätter, die eine am Boden ausgebreitete Rosette bilden, sind mehr oder weniger stark fiederspaltig geschlitzt. Die pfeilförmigen oberen umschließen den aufrechten, bis 50 cm hohen einfachen oder ästigen Stengel. Die Blätter sind dunkelgrün und dicht mit Haaren besetzt. Die sehr kleinen, weißen Blütchen bilden zu mehreren auf abstehenden Stielen zuerst lockere, später rispig verlängerte Trauben. Die Früchte sind dreieckige, verkehrt herzförmige, flache Schötchen mit je 10 bis 12 Samen darin, die an einer Scheidewand aufgehängt sind.

Vorkommen Eines der häufigsten Unkräuter. Überall zu finden auf bebautem und unbebautem Land, besonders auf Äckern, an Wegrändern, auf Schutt, an See- und Flußufern, an Rainen, auf Viehweiden, in Gärten und zwischen Pflastersteinen.

Blüte März bis Oktober.

Sammelgut und Sammelzeit Die jungen und noch zarten Blätter der Grundrosette vor der Blüte. Falls sich schon ein Blütenstengel gebildet hat, wird dieser abgeschnitten.

Verwendung Die jungen Blätter als Salat. Roh, fein gewiegt und dann in eine helle Mehlschwitze gegeben, auch als Gemüse oder Suppe. Auch als Mischgemüse mit anderen Wildkräutern, z. B. mit Sauerampfer (Seite 106).
Äußerlich und innerlich bei Blutungen.

Holunder

Sambucus nigra

Beschreibung Der drei bis zehn Meter hohe Strauch des schwarzen Holunders ist in Mitteleuropa wirklich als heimisch zu betrachten. Seine in der Jugend warzige und unangenehm riechende, aschgraue Rinde wird im Alter rissig. Die mit weißem Mark gefüllten Zweige tragen gegenständige, unpaarig gefiederte, dunkelgrüne Blätter. Die gelblichweißen, stark riechenden Blüten finden sich in großen, flachen, schirmförmigen Trugdolden mit meist fünf Hauptästen vereinigt. Die Früchte sind zwei bis drei samige, glänzend schwarzviolette Beeren.

Verwechslung Mit dem Traubenholunder (Sambucus racemosa). Die gelblichgrünen Blüten stehen in zusammengezogenen eiförmigen Rispen, und die Früchte sind scharlachrot. Das Mark der Zweige ist gelblichbraun. Er ist auch verwendbar, wird aber nicht von jedermann vertragen, da er leicht zum Erbrechen anregt.

Vorkommen In Wäldern, Gebüschen, Bachufern und Gärten, auch angepflanzt.

Blüte Juni bis Juli.

Sammelgut Beeren, Blüten. (Alle grünen Teile sind roh giftig.)

Verwendung Als Saft, Holunderhonig (ein Teil Saft und zwei Teile Honig), Suppe, ausgebackene Holunderblüten, Kapern. Zur Saftbereitung nimmt man am besten nur vollreife Beeren, die vorher entstielt wurden. Gut zu mischen mit Äpfeln, Quitten und Pflaumen.

Die Blüten sind als schweißtreibendes Mittel bei Erkältungen bekannt. Die harntreibende Wirkung macht ihn auch geeignet bei Gicht und Rheuma. Die in den Beeren enthaltenen Kernchen müssen unbedingt entfernt werden, da sie schwach giftig sind. Ein Umschlag von frischen Holunderblättern lindert anhaltenden Kopfschmerz. Die frisch gepflückten Blätter zerquetscht und mit Milch zu Brei gerührt, helfen bei Brandwunden und Hämorrhoiden. Einen Schlaftrunk erhält man, wenn man ½ Glas Wasser mit zwei Eßlöffeln Holundersaft mischt.

Albertus Magnus sagt, daß die innere Rinde des schwarzen Holunders, wenn man sie von unten nach oben schält, ein Brechmittel, wenn sie aber von oben nach unten geschabt werde, ein Abführmittel sei.

Als Zauber- und Sympathiemittel Wem etwas gestohlen wurde, soll vor Sonnenaufgang zu einer Holunderstaude gehen, sie mit der Linken gegen Sonnenaufgang biegen und sagen: Holunderstaude, ich tu dich drücken und bücken, bis der Dieb das Gestohlene bringt.

Hopfen

Humulus lupulus

Beschreibung Mit seinen rankenden Stielen windet sich der Hopfen um Stämme und junge Schößlinge. Die rauhen Blätter sind an der Basis herzförmig, breit und meist bis zur Hälfte in drei gezahnte Lappen geteilt. Die männlichen Pflanzen haben einen breiten Blütenkolben, dessen gespreizt stehende Blütchen fünf Blütenblätter (Tepala) und fünf Staubblätter haben. Sie sind zu lockeren Rispen vereinigt. Die Blüten der weiblichen Pflanzen stehen auf einer gemeinsamen Achse und haben jeweils zu zweit ein breites Deckblatt, so daß der reife Fruchtstand fast wie ein sechs oder fünf cm langer Tannen- oder Kiefernzapfen aussieht, nur daß die Deckblätter papierartig und durchscheinend sind. Ihre Farbe ist ein sehr helles, bräunliches Grün.

Vorkommen Von der Ebene bis in die unteren Alpen verbreitet. In feuchten Gebüschen, an Zäunen, Hecken, Waldrändern und Flußufern, in Erlenbrüchen. Wo die Ranken des Hopfens wild wachsen, hängen sie an Büschen und Hecken herab.

Blüte Juli bis August.

Sammelgut und Sammelzeit Die jungen Sprossen, etwa in Handlänge, die Rankenspitzen und noch nicht entfaltete Blätter April bis Mai. Die Fruchtzapfen im August.

Verwendung Die Stengelspitzen mit anderen Kräutern gemischt als Salat und Gemüse, Kräutersuppe und Rohkost. Die jungen Spitzen der Ranken roh als Beigabe zu Salaten oder gekocht als Gemüse. Die Hopfensprossen, die als überflüssige Nebentriebe in den Hopfengärten ausgemerzt werden, als Salat und Spargel, wenn man sie zuvor in Salzwasser abkocht. Die jungen, weichen, saftigen, kalireichen Schößlinge sind keineswegs bitter. Das Lupulin bildet frisch ein grüngelbes, später gold- oder orangegelbes, klebriges Pulver von eigentümlich angenehmem aromatischem Geruch und würzig bitterem Geschmack. Salat aus Hopfensprossen soll ein gutes Mittel gegen Leberverstopfung sein. In der Volksheilkunde wird der Hopfen als magenstärkendes und appetitanregendes Mittel gebraucht. Der aus den Fruchtzapfen hergestellte Tee wirkt beruhigend und einschläfernd. Man überbrüht dafür drei Teelöffel voll Fruchtzapfen mit einer Tasse kochendem Wasser, läßt 10 Minuten ziehen. Will man ihn zur Beseitigung nervöser Magenstörungen mit mangelhafter Magensaftsekretion verwenden, muß man die Hopfensprossen kalt ansetzen, sie mehrere Stunden stehen lassen und kurz aufkochen. Der Aufguß der Fruchtzapfen gilt als appetitanregend, harn- und schweißtreibend.

Huflattich

Tussilago farfara

Beschreibung Aus einem ausdauernden Wurzelstock, der sich immer wieder durch wurzelnde Ausläufer fortsetzt, steigt in der ersten Frühlingssonne auf blattlosem, geschupptem Stiel der gelbleuchtende Blütenkorb aus Röhren- und Zungenblüten ans Licht. Die Blüten sind sehr von der Sonne abhängig. Sie schließen sich bei Nacht und bedecktem Himmel. Die grundständigen, sehr großen, rundlich-herzförmigen, gezähnten, auf der Unterseite stark filzigen, derben Blätter entwickeln sich erst nach der Blütezeit. Die gelben Korbblüten des Huflattichs sehen dem Löwenzahn etwas ähnlich, sind aber kleiner.

Verwechslung Mit der Pestwurz (Petasites officinalis), deren Blätter aber bis 60 cm Durchmesser haben, kaum eckig sind und unterwärts wollig. Mit den Kletten (Lappa officinalis), deren Blätter herzförmig zugespitzt sind, mit stark auf der Unterseite hervortretenden Nerven. Ist man nicht sicher, sollte man die Pflanze nur dort pflücken, wo vorher auch die Blüten waren.

Vorkommen Überall sehr verbreitet. Bevorzugt Lehm- und Mergelboden. Ein lästiges Unkraut auf Äckern, an Wegen, Gräben, auf Schuttstellen, an Bahndämmen und Steinbrüchen.

Blüte Februar bis April.

Sammelgut und Sammelzeit Die jungen Blätter mit Blütenstielen, Knospen und Blüten, wenn die Blätter noch weich behaart sind, von März bis Juni. Der Geschmack ist eigenartig aromatisch.

Verwendung Als Gemüse, zu Kräutersuppe, Saft, Salat, als Haustee gegen Husten und Heiserkeit. Mit Lungenkraut (Seite 74), Feldsalat, Beinwell (Seite 22) u. a., zu Kartoffeln als Eintopf. Gehackt auf Butterbrot. Andere gute Mischungen mit Scharbockskraut (Seite 110), Brennessel (Seite 26), Gundermann (Seite 42).
Die Blätter lassen sich wie Kohl für Krautwickel usw. verwenden. Für Tee brüht man 5—10 g der Blätter und Blüten in einer Tasse kochendem Wasser auf.
Als Hustenmittel ist der Huflattich allgemein bekannt. Bei Kopfschmerzen soll man frische Huflattichblätter mit der filzigen Unterseite auf die Stirn legen und das öfter wiederholen. Bei Venenentzündung macht man aus frischen, zerstoßenen Blättern und frischem, süßem Rahm eine salbenartige Masse und bestreicht damit mehrmals am Tag die entzündeten Stellen. Bei angeschwollenen Füßen grüne Huflattichblätter auflegen oder ein Fußbad nehmen aus einem leichten Absud.

Isländisch Moos

Cetraria islandica

Beschreibung   Das isländische Moos findet man in zerstreuten Polstern von ½ bis 1 m Durchmesser, aber auch in Lagern, die größere Flächen in einer Dicke von mehreren Zentimetern überziehen. Die ältere Flechte hat ein dunkles, grünlichbraunes Aussehen, während die frischgewachsene hell-moosgrün ist. Die untersten Teile sind grauweiß und gehen zum Teil am Boden, ohne direkt mit ihm verbunden zu sein, in Zerfall über.

Vorkommen   Das isländische Moos wächst im norddeutschen Tiefland, im deutschen Mittelgebirge, vor allem auch in den bayrischen und österreichischen Alpen und deren Vorland, wo man es auf locker mit Kiefern (Krummholz-Latschen) und Birken bestandenen Heidemooren und Heiden sowie mager mit Riedgras, Heidekraut, Preisel- und Heidelbeeren bewachsenen, moosigen Berghalden findet. Auf höheren Alpenhalden liegt das isländische Moos häufig wie ausgestreut auf dem Grase, so daß man es in kurzer Zeit zusammenrechen kann.

Sammelgut und Sammelzeit   Die Moosmassen; auch die unansehnlichen, die wie verdorrtes Laub aussehen. Sobald man sie in Wasser einweicht, quellen sie wieder auf. Diese Pflanzen sind fast besser verwertbar als die frischen, denn diese älteren, meist aus dem Vorjahr stammenden Flechten sind von Sonne und Regen meist so ausgelaugt, daß sie nur noch wenig Bitterstoffe enthalten und man sie ohne vorhergehende Entbitterung verwenden kann. Man sammelt das Moos am besten bei feuchtem Wetter, weil die im trockenen Zustand störrischen Blatteile dann weich und biegsam sind. Nach dem Trocknen werden sie gründlich durchgelesen und gesäubert. Unter fließendem Wasser gewaschen und gut getrocknet können sie in geschlossenen Holzkisten über ein Jahr aufbewahrt werden. Die Flechten sind völlig ohne Geschmack.

Verwendung   Wegen seines Gehalts an gelatinierenden Kohlehydraten eignet sich das entbitterte Flechtenmehl gut zur Herstellung von Obstgrützen usw. Aus den unzerkleinerten Flechtenblättern lassen sich Gerichte herstellen, die eine der Morchel ähnliche Konsistenz haben.
Bei der Herstellung von Speisen aus Flechtenmehl dient als Grundlage: Bei 1 bis 1½stündigem Kochen des Mehles mit Flüssigkeit im Verhältnis 1 : 12, d. h. 10 g Mehl zu 120 g Wasser, entsteht ein teigartiger Brei, bei 10 g und 150—200 g Wasser eine dicke, schleimige Suppe.

Aus dem gereinigten Moos muß vor Gebrauch der in ihm enthaltene Bitterstoff ausgezogen werden (siehe Seite 146).

In der Volksmedizin verwendet man die Pflanze bei Lungenleiden, Bronchialkatarrh, Husten und Brechreiz, äußerlich bei alten Wunden.

Kali-Salzkraut

Salsola kali

Beschreibung   Die bläulichgrüne oder rötliche, einjährige Pflanze wird 25 bis 60 cm hoch. Der Stiel ist weiß und vom Grunde an verzweigt. Die wechselständigen, dicken Zweige sind leicht längsgeriffelt. Die linearen oder lanzettförmigen, halbzylindrischen Blätter laufen an der Spitze in einen Stachel aus. Ihre Länge schwankt zwischen 1 und 5 cm. Sie sind grün und fleischig und haben keine sichtbare Äderung. Die Blütenblätter sind ungefähr gleich und oft nach außen gebogen. Die fünfzähligen Blüten stehen einzeln oder in kleinen Gruppen in den Achseln der oberen Blätter.

Vorkommen   Verbreitet am Strande der Ost- und Nordsee und an Salzstellen des Binnenlandes, auf sandigen Äckern, an Wegrändern.

Blüte   Juli bis September.

Sammelgut   Die ganze Pflanze.

Verwendung   Das Kalisalzkraut gehört mit zu den Salzpflanzen, die wegen ihres Gehaltes an Natron und Mineralsalzen sehr gesund sind. Man verwendet es wie Spinat oder auch roh als Salat.

Kalmus

Acorus Calamus

Beschreibung Diese Wasserpflanze hat einen im Schlamm kriechenden, fleischigen Wurzelstock mit würzigem Aroma, der eine Länge bis über 50 cm erreicht. Seine breiten, schwertförmigen Blätter mit zweischneidigem Schaft werden bis zu 1 m lang und ragen über den Wasserspiegel hinaus. Aus der Seite des plattgedrückten Stengels, der den Blättern ziemlich ähnlich sieht, bricht im Juni ein etwas gekrümmter, 4—6 cm langer Kolben hervor, der mit grünlichen kleinen Blüten übersät ist. Die Früchte dieser aus Ostasien stammenden Pflanze werden bei uns niemals reif.

Vorkommen Verstreut an Gräben, Teichen und Ufern, oft in größeren Beständen. In England und den USA stellenweise wieder angebaut.

Blüte Juli.

Sammelgut und Sammelzeit Die Wurzeln, die im Spätwinter mit ihren Oberteilen aus dem vom Wasser bespülten Erdreich herausragen. Sie sind meist sehr lang, walzenförmig, geringelt, blaß-pfirsichblütenrot. Der Geruch der Wurzel ist kräftig und angenehm aromatisch, der Geschmack brennend würzig. Man sammelt das Wurzelstück im Frühjahr oder Herbst.

Verwendung Eingekocht in Zuckerlösung, als Konfekt, auch zu Likör. Die Wurzel wird von Blättern und Faserwurzeln befreit, geschält und der Länge nach gespalten. Die Trocknung sollte möglichst rasch unter häufigem Wenden in luftigen, warmen Räumen oder bei sanfter künstlicher Wärme erfolgen.

Ausgezeichnet zur Appetitanregung bei Magensäureüberschuß und Gärungs- oder Fäulnisprozessen im Darm. Dafür 1 bis 4 g der zerkleinerten Wurzel mit kochendem Wasser überbrühen. Den Aufguß kann man auch äußerlich zu stärkenden Bädern verwenden.

Für Kalmus-Tee setzt man 1—2 Teelöffel der getrockneten und feingeschnittenen Wurzel mit 1 Tasse Wasser kalt an, läßt kurz aufkochen und einige Minuten ziehen. Der Tee wird zweckmäßig mehrmals täglich vor dem Essen getrunken.

Als Zauber- und Sympathiemittel Die Wurzel des Kalmus wird in Rom »Venuspflanze« genannt und ist auch im Orient als Aphrodisiakum beliebt.

Große Klette

Arctium lappa

Beschreibung Die kräftige Wurzel der 1,5 m hohen Klette bohrt sich bis zu einem halben Meter tief in den feuchten Schutt. Die sehr großen, nach oben sich rasch verkleinernden, gestielten Blätter sind oval, etwas wellig, grob gezähnt oder ganzrandig. Ihre Oberseite ist grün, dünnflaumig behaart, unterseits grüngraufilzig überzogen. Die riesigen herzförmigen Grundblätter bedecken oft den wenig schönen Untergrund. Die fleischige ästige Wurzel bringt aufrechte, längsgefurchte, häufig rötlich überlaufene, mit Mark gefüllte Stengel mit zahlreichen aufrecht abstehenden wolligflaumigen Ästen hervor. Die kugeligen bläulich-roten Korbblüten bilden Köpfchen und stehen in lockeren traubigen Dolden. Die Hüllblätter der Körbchen sind an der Spitze mit gelblichen Widerhaken versehen.

Vorkommen An Wegrändern und Zäunen, Mauern, Dämmen, Bachufern, Brachäckern, Schutt und Dorfangern, in der Nähe von Wohnungen.

Blüte Juli bis August.

Sammelgut und Sammelzeit Die Wurzel im Juni und frühen Juli. Sie müssen ausgegraben werden. Dafür gräbt man ein Loch neben der Wurzel in den Boden und zieht sie heraus. — Die jungen Blätter und Stengel im Frühjahr, bevor sie in der Länge wachsen. — Das Mark aus dem Stengel, bevor sich die Blume gebildet hat.

Verwendung Die lange dünne Wurzel hat eine ziemlich dicke Rinde, die sich leicht von dem genießbaren Mark schälen läßt. Wenn sie geschält ist, schneidet man sie kreuzweise dünn ein und kocht sie 30 Minuten in Wasser, dem eine Prise Soda zugefügt wurde. Das Wasser wegschütten und die Wurzeln nochmals 10 Minuten in sehr wenig Wasser mit Butter und Salz dünsten.

Die jungen Blätter in Wasser kochen und wie Spinat dünsten. Die jungen Blattstengel schälen, mit Essig und Öl roh als Salat anmachen oder wie Spargel kochen.

Das beste Produkt der Klette ist das Mark des üppig wachsenden Blütenstengels. Es muß gesammelt werden, gerade wenn die Blume sich zu bilden beginnt. Wenn jedes Stück der bitteren Rinde abgeschält ist, bleibt ein weißes Mark, das man wie das Wurzelmark kocht.

In Hawaii glaubt man, daß die Kletten Kraft und Ausdauer geben. Sie hat einen Ruf als Aphrodisiakum. Außerdem hilft sie bei Gicht, Rheuma, Ekzemen, Furunkeln und Milchschorf.

Wegen des Inulingehalts der Wurzel gehört die Klette zu den Gemüsepflanzen, die für Zuckerkranke verwendbar sind.

Knopfkraut, Franzosenkraut

Galinsoga parviflora Cass

Beschreibung Der aufrechte, kahle, dreifach verästelte Stengel wird etwa 15—60 cm hoch. Die gegenständigen Blätter sind grobgesägt und herz- bis eiförmig. Die kaum erbsengroßen Blütenkörbchen (daher Knopfkraut) haben gelbe Scheiben und meist 5 kurze weiße Randblütchen und stehen in einer kleinen dreigabligen Dolde.

Vorkommen Die Pflanze stammt aus Peru. Seit dem französischen Krieg 1807 hat sie sich allmählich überall verbreitet, ist verwildert und ist jetzt ein massenhaft vorkommendes Unkraut auf Äckern, Wegrändern, besonders unter Kartoffeln, in Gärten, in Dörfern und auf Ödland.

Blüte Juli bis September.

Sammelgut Die jungen Blätter und Stengelspitzen.

Verwendung Die jungen saftigen Stengel und Blätter dieser Wanderpflanze als Wildspinat, Saft, Salat und zur Kräutersuppe.

Kornelkirsche / Dirlitze

Cornus mas.

Beschreibung Ein Baum oder Strauch von 3—6 m Höhe, mit schuppig abblätternder Rinde und gelblich-graugrünen, kahlen, nur in der Jugend angedrückt behaarten, grünen Ästen. Die Kornelkirsche gehört zu den Frühblütern. Die Blütenknospen sind rundlich, die unfruchtbaren Knospen dagegen lang, schmal, zugespitzt und behaart. Die gegenständigen ovalen Blätter sind länglich-zugespitzt, nicht behaart, beiderseits grün. Die drei bis vier Seitennerven jeder Blatthälfte laufen bogenförmig gegen die Blattspitze zu (Hartriegelgewächs!). Die goldgelben Blüten mit je vier Kelch-, Kron- und Staubblättern erscheinen schon vor den Blättern und bilden zu mehreren auf kurzen Stielen Trugdolden, die von je einer vierblättrigen Hülle umgeben sind. Die Steinfrüchte hängen einzeln oder paarweise und sind länglich-oval und glänzend-scharlachrot.

Vorkommen Im südlichen und mittleren Deutschland teilweise häufig, im Norden nur selten. Manchmal herdenweise auf trockenen, sonnigen Hügeln und Abhängen, in Hecken und im Gebüsch. Vielfach auch kultiviert, besonders als Hecke gern angepflanzt.

Blüte Februar bis Mai.

Sammelgut und Sammelzeit (Bitte beachten: Die Kornelkirsche steht heute unter Naturschutz. Es dürfen nur die Früchte von angepflanzten Bäumen oder Sträuchern verwendet werden.) Die kirschroten Steinfrüchte, die angenehm säuerlich schmecken, von Juli bis Oktober. Die Kornelkirsche muß reif vom Strauch fallen, wenn ihr wirklich gutes Aroma zur Geltung kommen soll. Gepflückte Früchte sind noch nicht ganz reif, haben deshalb keinen besonderen Geschmack. Da die bis 2 cm langen Früchte nacheinander reif werden, dauert die Ernte ziemlich lange.

Verwendung Die Früchte eignen sich zum Rohessen, zu Kompott und Marmelade. Mit Zucker und Essig eingekocht geben sie gute Beilagen. Man kann Saft, Gelee, Limonade und Wein aus ihnen machen. Der Rückstand vom Passieren kann noch einmal aufgekocht und durchgerührt werden, da die großen Steine nur eine verhältnismäßig geringe Ausbeute zulassen. Da die Früchte sehr wenig Pektin enthalten, muß Marmelade lange gekocht werden. Grüne, unreife Kornelkirschen in Essig eingelegt oder in Salzwasser mit Lorbeer und Fenchel bekommen einen olivenartigen Geschmack.

Das Mus galt früher als Mittel gegen hitzige Fieber, Ruhr u. ä. Übel.

Löffelkraut
Cochlearia officinalis

Beschreibung Ein-, zwei- oder mehrjähriges Kraut mit faseriger, fast spindelförmiger, senkrechter Wurzel, aus der oft mehrere aufsteigende, 15—30 cm hohe, fein gerillte, teilweise ästige Stengel hervorgehen. Die grundständigen, breitovalen, fast herzförmigen, rosettenförmig stehenden Blätter sind langgestielt. Die Blätter am Stengel sind mehr länglich und am Rande grob gezähnt. Die weißen, wohlriechenden Blüten stehen in einer reichblütigen, gipfelständigen, aufrechten Traube zusammen. An fast waagrecht abstehenden Stielen sitzen die kugeligen, zweifächerigen Schötchen, mit meist vier bis acht rotbraunen Samen.

Dieses winterharte Kraut, das man bei härtestem Frost grün ernten kann, selbst wenn eine Eiskruste die Blätter bedeckt, kann im Herbst nochmals Blüten treiben.

Aus Sibirien wird berichtet, daß dort wachsende Arten von Frost und Schnee überrascht werden, eingefroren den Winter überstehen und im Frühjahr weiterblühen.

Vorkommen Die Pflanze liebt lockeren, feuchten und salzhaltigen Boden oder steinige, moorige Stellen; gedeiht vorzüglich am Meeresstrand und in der Nähe salzhaltiger Quellen, an Sümpfen, Bachrändern, Salinen, am Ufer der Nord- und Ostsee.

Blüte April bis Juni; im Gebirge etwas später.

Das Löffelkraut ist ein naher Verwandter des Meerrettichs. Es hat einen großen Reichtum an haltbarem Vitamin C. Früher wurde es gegen Skorbut in eingesalzenem Zustand auf ausgedehnte Schiffsreisen mitgenommen. Heute zählt es zu den besonders geschützten Arten.

Löwenzahn

Taraxacum officinale

Beschreibung Ein nahezu unausrottbares Unkraut mit einer dicken, walzig-spindelförmigen, fleischigen, milchigen Pfahlwurzel, die oft bis zu 30 cm in den Boden reicht. Die frischgrünen, zarten Blätter stehen meist flach ausgebreitet in einer grundständigen Rosette. Sie sind lang, lanzettlich und stark gesägt und laufen in einer schmalen Fahne an dem kurzen Blattstiel herab. Nur je ein großes, auffallendes Blütenkörbchen sitzt auf einem langen, glatten, hohlen, milchenden, etwa 10 bis 30 cm hohen Stengel.

Verwechslung Bei Blättern und Wurzeln ist eine Verwechslung mit der Wegwarte (Seite 130) möglich, solange nur die Blattrosette vorhanden ist.

Vorkommen Als Unkraut überall in großen Mengen verbreitet. Der Löwenzahn verändert sein Aussehen nach Standort und hat z. B. im Hochgebirge nur kleine Blattrosetten.

Sammelgut und Sammelzeit Die jungen Blätter und die Ansätze der Blütenknospen unten in der Blattrosette vor der Blüte von März bis Mai. — Die Wurzel im Herbst.

Verwendung Die ganz jungen Blätter der Blattrosette als Salat und Gemüse.
Auch im Winter kann man Löwenzahnsalat essen, wenn man die Wurzeln im Herbst bei milder Witterung ausgräbt, sie in Kästen mit stark sandiger Erde pflanzt und mit Papier bedeckt an einem kühlen Ort zum Treiben bringt.
Zur leichteren Gewöhnung des Geschmacks kann man anfangs die Blätter erst zwei Stunden in Wasser legen, um sie zu entbittern.
Die Ansätze zu den Blüten über der Wurzel, inmitten der schützenden Blattrosette sind ebenfalls ein vorzügliches Gemüse, das im Geschmack an Rosenkohl erinnert.
Die jungen noch harten Blütenknospen können in Estragonessig eingelegt und als Kapern verwendet werden.
Wer den aromatisch-bitteren Geschmack allein nicht mag, kann die Pflanze mit einer der zahlreichen mild schmeckenden Wildgemüsepflanzen mischen, wie z. B. Taubnessel (Seite 120), Melde, Vogelmiere (Seite 128) oder Giersch (Seite 40).

In romanischen Ländern, vor allem in Frankreich, ist der Salat wegen seiner harntreibenden Wirkung beliebt. In der Volksmedizin wird der Tee aus den Blättern für Leber- und Nierenleiden und gegen Rheuma benutzt, der frische Preßsaft bei chronischen Arthrosen und degenerativen Erkrankungen der Wirbelsäule.

Lungenkraut
Pulmonaria officinalis

Beschreibung Wenn das Frühlingslicht noch ungehindert durch die blattlosen Baumkronen auf den Boden dringt, wächst aus einer waagrecht im Boden kriechenden Wurzel das Lungenkraut und bildet mit anderen Frühblühern, wie Veilchen, Anemone, Scharbockskraut, Goldstern, Schlüsselblume und Leberblümchen, eine Pflanzengemeinschaft. Die Blätter der Grundrosette dieser ausdauernden, rauhhaarigen Staude sind langstielig bis schwach herzförmig. Auf der Unterseite bläulich-grün bisweilen mit weißen Flecken und schwächer behaart als auf der Oberseite. Die etwa 15—30 cm hohen, rauhhaarigen Blütenstengel sind besetzt mit etwas kleineren, wechselständigen, unten eiförmigen, nach oben lanzettlich werdenden Blättern. Die oft schon im März fast gleichzeitig mit der Grundrosette erscheinenden Blütenstengel tragen eine übergebogene Blütentraube, mit glockenförmigen Blüten, die Blüten kurzgestielt. Die Blumenkelche sind ebenso wie die ganze Pflanze stark behaart und vergrößern sich bei Reifen der Frucht. Nach dem Abblühen treibt die Pflanze große, herzeiförmige, langgestielte, zumeist weißlich getüpfelte, rauhhaarige Sommerblätter. Die Farbe der rötlichen Blüten, die der Schlüsselblume ähnlich sind, schlägt beim Altern in hellviolettblau um.

Verwechslung Mit dem verwandten, schmalblättrigen Lungenkraut (Pulmonaria angustifolia) und dem weichen Lungenkraut (Pulmonaria mollis), die zu den besonders geschützten Arten zählen.

Vorkommen In schattigen, feuchten Laubwäldern, unter Gebüsch und an Hecken, an schattigen Bachufern.

Blüte März bis Juni.

Sammelgut und Sammelzeit (Bitte beachten: In einigen Bundesländern — darunter Bremen und Niedersachsen — steht das Lungenkraut auf der »Roten Liste«.) Die jungen Blätter der Grundrosette von der Blüte, ab März.

Verwendung Die jungen Blätter als Suppe, Wildspinat und als Mischsalat. Getrocknet als Heiltee.

Äußerlich wird das Lungenkraut in der Wundheilung benutzt. Aus dem Pulver der Wurzel und unteren Blättern wird ein Absud hergestellt, mit dem man Auflagen macht. Auch das Pulver selbst wird auf Wundränder und Entzündungen gestreut.

Innerlich gibt man einen Tee aus 2 g des Krautes, die man mit einer Tasse kochendem Wasser überbrüht. Gut gegen Erkrankungen der Atmungsorgane, aber auch bei Blasenschwäche und Durchfall.

Wilde Malve/Roßpappel

Malva sylvestris

Beschreibung Die spindelförmige und etwas fleischige Wurzel der zwei-jährigen oder ausdauernden Wilden Malve bringt mehrere niederliegende, aufsteigende oder aufrechte, innen mit lockerem Mark angefüllte, ästige, rauhhaarige, 20 bis 80 cm hohe Stengel hervor. Ihre langgestielten, rund-lichen, meist fünflappigen, am Rande gekerbten Blätter sind beiderseits dicht behaart. In ihren Achseln entspringen in Büscheln gehäuft die langen und behaarten Blütenstiele. Sie tragen bläulich-rosarote fünfblättrige Blüten mit doppeltem Kelch. Die ovalen, oben tief ausgerandeten Kronen-blätter sind mit drei dunklen Längsstreifen versehen. Die kuchenähnlich zusammengedrückten Früchte (Käschen) zerfallen bei der Reife in zahl-reiche einsamige Fächer.

Verwechslung Mit der Weg-Malve (malva neglecta), die der wilden Malve ähnlich ist, aber nur halb so groß, rosa oder weiße Blüten und abwärts gebogene Fruchtstiele hat. Sie ist auch verwertbar.

Vorkommen Die Malvenarten wachsen an Zäunen, Wegrändern, auf Schutt, in Steinbrüchen und an unbebauten Orten.

Blüte Juni bis September.

Sammelgut und Sammelzeit Junge Blätter, Triebe vor der Blüte. Die Blüten von Juni bis September an trockenen Tagen. (Die flachen Früchte, der »Katzenkäse«, werden von Kindern gern roh gegessen).

Verwendung Junge Blätter und Triebe als Salat und Gemüse.

Die Malve gehört, wie der Eibisch und die Stockrose, zu den Arznei-pflanzen, die sich durch großen Schleimgehalt auszeichnen. In der Volks-heilkunde wird sie bei Katarrhen der Luftwege sowie als Mund- und Gur-gelwasser gebraucht. Äußerlich braucht man Blätter und Blüten als er-weichende, beruhigende und entzündungswidrige Umschläge bei Augen- und Ohrenentzündungen, Eiterungen, Furunkeln und Abszessen. Die Ab-kochungen der Pflanze werden auch bei entzündeten Erkrankungen der Darmschleimhäute als Klistier gebraucht. Die ganze Pflanze in Milch ge-kocht hilft bei der Behandlung von Bronchitis.

Als Zauber- und Sympathiemittel Die bereits von Hesiod als Gemüse-pflanze erwähnte Malve galt den Pythagoreern als heilig. Nach Dioskorides soll der Absud der Malve ein Gegenmittel gegen alle tödlichen Gifte sein. Ihre Heilkraft gegen Wespen- und Skorpionstiche soll nach Plinius so groß sein, daß ein auf das Malvenblatt gelegter Skorpion sofort erstarrt.

Maulbeere

Morus nigra

Beschreibung Ein großer, Milchsaft führender Strauch oder bis 15 m hoher Baum mit einer dichten, gedrungenen Krone und graubrauner, im Alter dunkleren und schuppigen Rinde. Die wechselständigen Blätter sind breit herzförmig, ungeteilt oder dreilappig, grob gesägt, derb und dunkelgrün mit drei bis fünf Hauptnerven. Sie sind, wie auch die Stiele, mehr oder weniger angedrückt behaart und dadurch auf der Oberseite etwas rauh, auf der Unterseite aber weichhaariger. Die grünlichen Blüten sind getrennt geschlechtig. Die männlichen wie die weiblichen Blüten sitzen in gestielten, kätzchenförmigen Ständen. Die weiblichen vereinigen sich durch den fleischig werdenden Kelch zu einer saftigen Sammelfrucht mit je einem Schließfrüchtchen, die erst rot und bei der Vollreife fast schwarz wird, ähnlich wie eine Brombeere.

Verwechslung Mit dem weißen Maulbeerbaum, der etwas kleiner und schlanker ist, weniger derbe und unbehaarte Blätter hat. Seine Früchte sind kleiner, weißlich und schmecken süßlich fade. Sie können ebenfalls verwendet werden.

Vorkommen Die schwarze Maulbeere ist selten anzutreffen, da sie etwas frostempfindlich ist. Selten findet man sie verwildert in Wäldern. Meistens angepflanzt in Hecken, Zäunen, Alleen und Gärten.

Blüte Mai.

Sammelgut und Sammelzeit Die reifen Beeren, die würzig und angenehm süß-säuerlich schmecken von August bis September. Sie wirken aber etwas abführend und müssen sofort nach dem Abpflücken gegessen oder zubereitet werden, da sie sehr rasch verderben.

Verwendung Man kann sie roh essen wie die Brombeere, als Kuchenbelag verwenden, zu Kompott oder Marmelade kochen, Saft, Sirup und Essig daraus machen.

E. M.

Meerkohl

Crambe maritima

Beschreibung Aus einer dicken Wurzel kommt ein 30 bis 60 cm hoher, verästelter Stengel, welcher große, mit langen Stielen versehene, blaugraue, kahle, fleischige, buchtig gezähnte Blätter mit dicken Blattrippen treibt. Die kleinen Blüten sind weiß, die Schötchen kugelig.

Vorkommen Selten, am Strande der Nord- und Ostsee. Früher wurde er auch in Gärten angebaut. Leider gedeiht er im Festland nicht gut, da er einen tiefen, sandhaltigen, fruchtbaren Boden verlangt, den man mit salzhaltigen Stoffen düngen muß.

Blüte Mai bis Juli.

Der Meerkohl zählt zu den besonders geschützten Arten.

E.M.

Gemeiner Mehlbeerbaum

Sorbus aria

Beschreibung Der Mehlbeerbaum oder -strauch wird bis zu 10 m hoch, hat eine dichtbelaubte breite Krone und schwarzgraue, erst glatte, später etwas längsrissige Rinde. Die jungen Zweige, ebenso die Blütenstände und die Blattunterseiten sind mit weißfilzigen Haaren bedeckt. Die kurzgestielten, wellig-runzeligen und oben kahlen Blätter sind rund-eiförmig, oft verkehrt eirund, stumpfspitzig, am Rande doppelt gesägt. Die Blattnerven treten besonders auf der Unterseite stark hervor. Die weißen Blüten stehen in Schirmtrauben am Ende kurzer, beblätterter Äste. Die Kelchblätter sind lanzettlich. Die beinahe den Hagebutten ähnlichen, zweisamigen, kugeligen oder eirunden mehligen Früchte mit vertrockneten Kelchresten sind scharlachrot bis orangefarbig.

Verwechslung Da die Mehlbeere im Blütenstand eine gewisse Ähnlichkeit mit der Eberesche (Seite 126) besitzt, wird sie manchmal mit dieser verwechselt, obwohl sie keine Fiederblätter hat und dadurch ganz anders aussieht. Im Volk versteht man unter Mehlbeeren meist die Früchte des Weißdorns.

Vorkommen Wächst hauptsächlich in Mittel- und Süddeutschland in Gebüschen und Wäldern. Außerdem wird der Baum angepflanzt.

Blüte Mai.

Sammelgut und Sammelzeit Die Früchte, die angenehm süß-säuerlich schmecken und gelbes mehliges Fruchtfleisch haben, von August bis in den November. Am besten schmecken sie nach dem ersten Frost, wenn sie schon leicht »teigig« sind. Man darf die Früchte aber nicht zu lange hängen lassen, sonst fallen sie ab oder werden von den Vögeln gefressen.

Verwendung Die frischen, mehligen Früchte geben gekocht einen angenehm süß schmeckenden Brei. Man verarbeitet sie zu Gelee, Kompott, Marmelade, meistens unter Zusatz einiger kräftig schmeckender Früchte. Man kann aus ihnen Branntwein und einen guten Obstwein herstellen. Gedörrt schmecken sie besser als Kirschen. Ins Brot verbacken geben sie ein gutes Hutzelbrot.

Die Früchte sind gut bei Katarrh, Husten und Durchfall.

Nachtkerze / Rapontika

Oenothera biennis

Beschreibung Das zweijährige Kraut erreicht eine Höhe bis zu 1 m und hat eine rübenförmige, fleischige, wenig verzweigte, rötliche Wurzel. Aus ihr entspringt im ersten Jahr eine am Boden ausgebreitete Blattrosette und meist erst im zweiten Jahr sprießt ein aufrechter, mit Haaren besetzter Blütenstengel daraus empor. Die Blätter der Grundrosette sind länglich-elliptisch und verschmälern sich in den langen Stiel. Die lanzettlichen Stengelblätter haben eine kleine Spitze, sind flaumig behaart, hellgrün, die untersten manchmal rot überlaufen. Die großen blaßgelben, duftenden Blüten öffnen sich abends und verwelken schon am nächsten Morgen. Die unteren öffnen sich stets vor den oberen. Der ganze Blütenstand sieht aus wie eine aufrechte, große, beblätterte Ähre. Sobald die Blüte erscheint, wird die Wurzel hart.

Vorkommen Die Wurzelknollen wurden 1614 aus Nordamerika bei uns eingeführt. Die angebaute Pflanze verwilderte und wächst jetzt an Bahndämmen, Böschungen, Wegrändern, Flußufern, an Stellen mit Sand und Kies, an Mauern, in Steinbrüchen.

Blüte Juni bis September.

Sammelgut und Sammelzeit Die Wurzel der einjährigen Pflanze. Sie wird im Herbst des ersten oder im Frühjahr des zweiten Jahres ausgegraben, vor dem Austreiben des Blütenstengels. Die sehr tief sitzende Wurzel ist nur so lange genießbar, als die Blattrosette am Boden anliegt. Man nimmt am besten einen Distelstecher zum Ausgraben. Die Blätter sollte man beseitigen, da sie angeblich schädlich sind.

Verwendung Die gründlich gewaschene und abgeschabte Wurzel wird in Salzwasser gekocht, in Scheiben geschnitten und mit Essig und Öl als Salat angemacht. Man sollte die Wurzel, die sich — ähnlich wie die Schwarzwurzel — beim Schaben schleimig-klebrig anfühlt, gleich nach dem Schaben in Essigwasser legen. Ihr Geschmack ist etwas süßlicher als der der Schwarzwurzel.
Als Gemüse kocht man sie wie Schwarzwurzeln oder Sellerie, indem man sie gleich nach dem Kochen in kleine Stücke schneidet und mit Butter dünstet oder in eine helle Mehlschwitze gibt. Je nach ihrem Standort färbt sich die Wurzel beim Kochen rosa oder gelblich.
Man kann sie auch mit anderen Wurzeln mischen, z. B. Rapunzel-Glockenblume (Seite 98), Pastinak (Seite 92) oder Sellerie.

Als Zauber- und Sympathiemittel Ein altes Sprichwort sagt, daß ein Pfund der Rapontika-Wurzel mehr Kraft gäbe als ein Zentner Ochsenfleisch.

Natterkopf

Echium vulgare

Beschreibung   Die zweijährige, 20 cm bis 1 m hohe, borstige, rauhe Pflanze hat sitzende, rauhhaarige, lanzettliche Blätter. Die Blüten sitzen an blattwinkelständigen, einseitigen Ähren. Die Blütenkronen sind verwachsenblättrig mit ungleichem, fünflappigem Saum. Der Schlund der Krone ist ohne Schuppen und offen. Aus der Blüte ragen Griffel und die ungleichen Staubblätter weit hervor. Die Farbe der Blüten ist anfangs blau, dann violett.

Verwechslung   Mit der Gewöhnlichen Ochsenzunge (Seite 90), und dem Lungenkraut (Seite 74), die aber auch verwendbar sind.

Vorkommen   Häufig auf Äckern und Schuttplätzen, Brachland, Wegrändern, Bahndämmen, an trockenen, sonnigen Plätzen und unfruchtbaren Stellen.

Blüte   Juni bis September.

Sammelgut und Sammelzeit   Die jungen Blätter und Stengelspitzen vor der Blüte.

Verwendung   Zubereitung wie Spinat.

Nelkenwurz/Benediktenkraut

Geum urbanum

Beschreibung Eine ausdauernde und etwas rauhhaarige Pflanze, deren fingerdicker, riesiger Wurzelstock nach Gewürznelken riecht. Er treibt zu einer Rosette angeordnete, rundliche, gefiederte Blätter, die am Stengel nach oben hin immer einfacher werden, zuletzt dreigliedrig, in der Nähe der goldgelben Blüten nur noch dreizähnig sind. Die zahlreichen kleinen gelben Blüten stehen auf langen, behaarten Stielen mit kleinen, flach ausgebreiteten Blumenblättern. Die vielen kleinen Früchte dieser Wucherpflanze haben lange, rötliche Griffel und sitzen auf einer Halbkugel. Sie sind mit Häkchen besetzt, womit sie sich überall anklammern können.

Verwechslung Mit der Blutwurz (Potentilla erecta).

Vorkommen In der nördlichen gemäßigten Zone gedeiht dieses Halbschattengewächs an Mauern, an Hecken, Zäunen, in Gebüsch, an Wegrändern, Ufern, in lichtem Gehölz, auf feuchten Schuttplätzen in Mischwäldern, an Gräben, in Gärten als Unkraut.

Blüte Mai bis Oktober.

Sammelgut und Sammelzeit Die jungen, hellgrünen Blätter im Frühjahr. Die Wurzeln von September bis Oktober oder im Frühjahr von März bis April.
Im frischen Zustand ist der Geruch der Wurzel ähnlich dem der Gewürznelke.

Verwendung Die jungen Blätter als Gemüse, gemischt mit anderen milden und nicht rauhblättrigen Kräutern wie z. B. Giersch (Seite 40), Spitzwegerich (Seite 116) usw. Auch als Salat, fein zerschnitten in kleiner Menge. Ein gutes Gemüse erhält man, wenn man die Blätter in fingerbreite Streifen schneidet, in Salzwasser aufkocht, abseiht, ausdrückt, dann in Fett dünstet, mit dem Kochwasser auffüllt, mit einer hellen Mehlschwitze sämig macht und würzt.
Die Wurzel darf nur in kleinen Mengen verwendet werden.
In der Volksheilkunde gilt die Nelkenwurz wegen ihrer stopfenden und zusammenziehenden sowie ihrer anregenden und nervenstärkenden Wirkung als gutes Mittel bei Darmkatarrhen, Ruhr, Hämorrhoiden, Stoffwechselstörungen, wie bei Gicht und Rheumatismus sowie bei Kopf- und Zahnschmerzen, Nerven- und Muskelschmerzen.
Sie wird als Gurgelmittel zur Festigung von lockerem, entzündetem und zu Blutungen neigendem Zahnfleisch und bei üblem Mundgeruch gebraucht, sowie bei Erschöpfungszuständen.

Ochsenzunge

Anchusa officinalis

Beschreibung Die 30 bis 80 cm hohe rauhhaarige Pflanze hat nicht gewellte, steifhaarige, lanzettliche wechselständige Blätter und violette — seltener blaue oder weiße — Blüten. Die Krone ist trichterförmig mit weißer gerader Röhre und samtartigen Schlundschuppen.

Die wie beim verwandten Lungenkraut spiralig sich entrollenden auffallend schönen Blütenstände zeigen am Anfang zwar ein helles Purpurrot, auch darin dem Lungenkraut ähnlich, aber sobald die Blüten befruchtet sind, wandeln sie ihre Farben in tiefes Blau.

Verwechslung Mit dem Lungenkraut (Seite 74) und dem Natterkopf (Seite 86).

Vorkommen Die Ochsenzunge wächst überall in Europa auf Brachland, Schutt, an Wegrändern und Bahndämmen.

Blüte Mai bis September.

Sammelgut und Sammelzeit Die jungen Blätter und Stengelspitzen vor der Blüte.

Verwendung Als Mischgemüse, wie Spinat zubereitet.

Früher wurde der Tee (1—4 g auf 1 Tasse kochendes Wasser) äußerlich für kühlende, erweichende und lindernde Umschläge gebraucht. Innerlich galt er als auswurfförderndes und eröffnendes Mittel.

Pastinak / Hammelmöhre

Pastinaca sativa

Beschreibung Es ist nicht leicht, eine Pflanze aus der großen Anzahl der Doldengewächse heraus zu erkennen. Bei der Pastinak sind die charakteristischen Merkmale aber eindeutig: Sie unterscheidet sich von den anderen Doldengewächsen durch ihre zusammengesetzten acht bis zehn Doldenstrahlen, denen die Hüllen und Hüllchen fehlen. Aus einem senkrechten ein- bis zweijährigen fleischigen, aromatisch riechenden Wurzelstock wächst ein aufrechter, etwa 60 cm hoher, kantiger, fingerdicker, teilweise behaarter, im oberen Teil gegenständig verästelter Stengel. Die Blätter sind an der Oberseite kahl und glänzend, an der Unterseite weichhaarig, meist einfach gefiedert, mit zwei bis sieben Paar dunkelgrünen, ovalen, ungleich scharf gesägten Blättchen. Die doldenförmig zusammenstehenden, ungleich langen, vielblumigen Strahlen sind tiefgelb bis goldgelb und bestehen je aus mehreren kleinen Blütchen. Die Früchte sind flach, linsenförmig und gelbbraun. Sobald der blühende Stengel sich im zweiten Jahr zu entwickeln beginnt, wird die Wurzel hart und ungenießbar.

Verwechslung Mit dem gefleckten Schierling (Conium maculatum), der aber beim Zerreiben der Blätter und im welken Zustand einen widerlichen, mäuseharnartigen Geruch hat. Er wächst ebenfalls oft in der Nähe menschlicher Wohnungen und ist giftig.

Vorkommen Auf Wiesen, Schutt, in Gräben, an Hügeln und grasigen Wegrändern, in Steinbrüchen, überhaupt gerne an trockenen Stellen und auf lehmigem Boden in der Nähe von Ortschaften.

Blüte Juli bis August.

Sammelgut und Sammelzeit Die Wurzel der einjährigen Pflanze im Herbst und im Winter, wenn sie schon Frost bekommen hat. Im frischen Zustand hat sie einen scharfen, jedoch süßen Geschmack. Die jungen Blätter und Sprossen vor der Blüte. Sie riechen, zerrieben, stark würzig. — Die Samen im Herbst.

Verwendung Die jungen Blätter und Sprossen mit ihrem stark würzigen Geschmack eignen sich als Zugabe zur Kräutersuppe und, gemischt mit anderen Wildpflanzen, als Gemüse. Da die Wurzeln und Blätter ziemlich scharf sind, kann man sie vor der Zubereitung in Salzwasser abbrühen. Die Wurzel des ersten Jahres kann als Salat, Gemüse und Suppe zubereitet werden. Sie wird wie Möhren verarbeitet oder als ganze Wurzel in Salzwasser gekocht und nach dem Erkalten als Salat angemacht. Sie kann dabei mit anderen Wildwurzeln gemischt werden. Die Früchte werden wie Dill als Gewürz verwendet.

Portulak

Portulaca oleracea

Beschreibung Die einjährige, niederliegende und auch aufsteigende Pflanze ist vom Grunde aus verzweigt. Der hellgrün glänzende, ästige, saftige Stengel ist kahl, oft rot überlaufen, 5—30 cm lang. Die dicken, dunkelgrünen, glänzenden Laubblätter sind wechselständig, ungestielt, oval bis länglich. Die kleinen, gelb bis gelblich-weißen Blüten sitzen in den Gabelästen oder in den oberen Blattwinkeln und verblühen schnell. Sie öffnen sich nur des Morgens bei warmem Sonnenschein.

Vorkommen Als Salatpflanze angebaut und da und dort verwildert. In Gärten, auf Sandboden, in Weinbergen, auf Schutt, Bahndämmen, Abhängen, sonnigen Äckern.

Blüte Juni bis Oktober.

Sammelgut und Sammelzeit Blätter und Stengel vor der Blüte. Sie haben einen schwach salzigen und angenehm würzigen Geschmack.

Verwendung Als Salat und als Beigabe zu Salaten, als Diät- und Rohkostwürze.
Mit den Knospen der Kapuzinerkresse zusammen als Kapern eingelegt. Einige Blättchen erst in Butter geschmort und dann der Suppe beigegeben, machen sie schmackhafter.
Als Spinat eignen sich die nicht mehr ganz jungen Blätter. Als Wintervorrat werden die jungen Blätter und Triebe mit etwas Salz eingelegt und dann mit Essig oder Wein übergossen. Getrocknet verliert der Portulak seine Würzkraft.

Als Zauber- und Sympathiemittel Ohne Traum schläfst du, wenn du Portulak über dem Bett aufhängst.

Queller / Glasschmalz

Salicornia europaea

Beschreibung Die ein- oder zweijährige Pflanze wurzelt nur wenig oder überhaupt nicht. Sie ist bläulich-grün bis schmutzigrot. Der zylindrische Stiel ist gegliedert, das heißt, er besteht aus übereinandersitzenden Segmenten. Die Zweige sind ebenso gegliedert. Die kleinen, gegenständigen Blätter sind an den Rändern zusammengewachsen, so daß sie eine Art Hülle um die jeweiligen Sproßabschnitte bilden. Die Blüten sind sehr klein und stehen in kurzstieligen, zylindrischen Ähren. Sie bilden Dreigruppen und sind unter gegenständigen Deckblättern verborgen.
Der Queller hat wegen der zusammengewachsenen Blätter ein fremdartiges, kakteenartiges Aussehen.

Vorkommen Am Meeresufer, auf Schlickflächen, an schlammigen Stellen und an Salzstellen des Binnenlandes, z. B. in der Nähe von Salinen. Der Queller wird an unseren Küsten angepflanzt, um anbaufähiges Land zu gewinnen. Dadurch, daß er in seinen Zweigen den Schlick festhält, erfolgt nach und nach eine Verlandung.

Blüte August bis Oktober.

Sammelgut Die ganze salzreiche Pflanze.

Verwendung Als Suppe und Gemüse. Dazu 10 Minuten kochen und dann in Butter dünsten. Die älteren Pflanzen wie Spargel zubereiten. Man ißt sie ähnlich wie Artischocken, indem man das weiche Fleisch aussaugt.

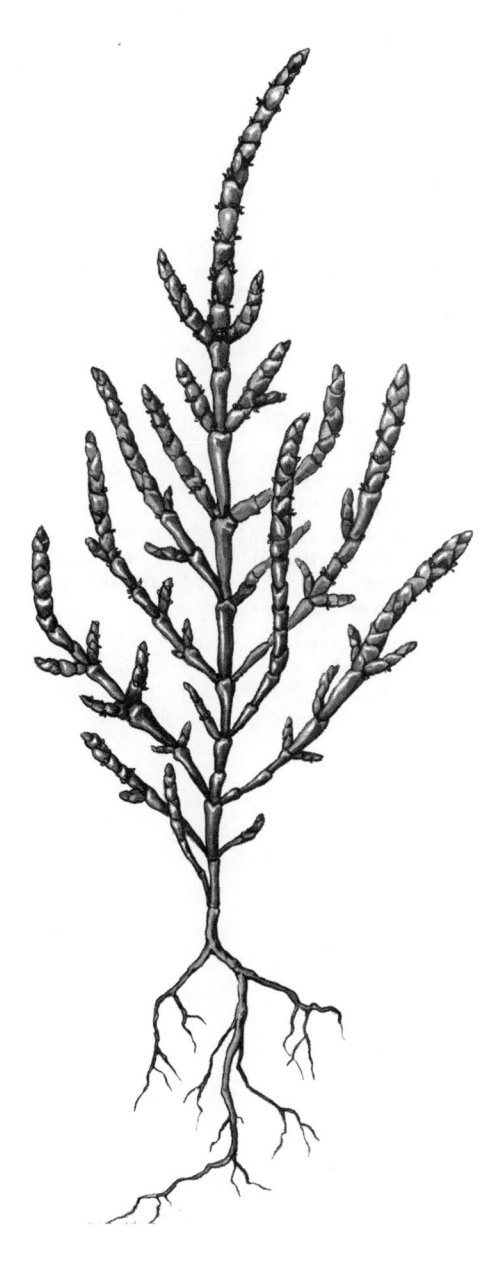

Rapunzel- / Acker-Glockenblume

Campanula rapunculus

Beschreibung Die Rapunzel-Glockenblume wird 50 bis 80 cm hoch, hat eine glockenförmige, fünf-zipfelige, hellviolette Krone. Die gestielten Blüten sind in vielblütigen, lockeren Rispen mit kurzen, aufrechten, steifen Ästen angeordnet. Die schmalen Stengelblätter sind glatt und am Rande wellig. Die Wurzel ist dickfleischig.

Vorkommen Nicht gerade häufig, hauptsächlich im Rheinland, in Westfalen und im Elsaß auf Wiesen, an Weg- und Waldrändern.

Blüte Juni bis September.

Sammelgut und Sammelzeit Die Blätter vor der Blüte. Die Wurzel im Frühjahr oder Herbst.

Verwendung Die Blätter geben einen ausgezeichneten Salat mit starkem Eigengeschmack, ähnlich dem Feldsalat. Die Wurzel kann man ebenfalls gekocht verwenden, und zwar am besten mit den Blättern zusammen als Salat zubereitet oder auch gemischt mit anderen Wurzelsalaten wie Sellerie, Rote Rüben u. a. Sie ist mild und süß. Andere Zubereitungsarten wie bei der Nachtkerze / Rapontika (Seite 84).

Aus »Von der Haushaltungskunst im Kriege« »Campanule, Glockenblume, Rapunzeln; davon kann man fast alle Gattungen zur Speise brauchen, sowohl die Wurzel, ehe sie zu hart wird und in Stengel schießt, als auch die Blätter, welche gegessen werden können.«

Rohrkolben

Typha latifolia

Beschreibung Die oft über zwei Meter hohe Pflanze hat linearisch flache, 2 bis 2,5 cm breite, blaugrüne Blätter und seilartige Wurzeln, die sich meterlang unter dem Boden hinziehen. Die eingeschlechtlichen Blüten stehen in dichten Kolben an der Spitze des markhaltigen Stengels, an den dicken, schwärzlichen, weiblichen Kolben schließt sich nach oben ein gleichlanger, dünner männlicher an.

Verwechslung Mit dem Schmalblättrigen Rohrkolben (angustifolia), der schmale, nur 0,5 bis 1 cm breite Blätter und drei bis vier cm voneinander getrennte Kolben hat, aber ebenfalls verwendbar ist.

Vorkommen Diese Sumpf- und Wassergewächse sind verbreitet an Ufern, oft in reinen Beständen und tragen wesentlich zur Verlandung von Teichen bei.

Blüte Juli bis August.

Rohrkolben stehen unter Naturschutz.

Rotklee

Trifolium pratense

Beschreibung Aus der Wurzel dieser 14 bis 40 cm hohen Pflanze schwingen sich auf langem Stiel die bekannten Dreiblätter. Die rötlichen, gestielten Schmetterlingsblüten stehen in dichten, kugeligen Köpfen zusammen, die von Hochblättern umgeben sind. Die Kelchröhre ist zehnnervig, außen behaart und halb so lang wie die Kronblätter. Blütenblätter und Staubgefäße sind fest zu einem Stück verwachsen.

Verwechslung Mit dem weißen Klee.

Vorkommen Die ältesten Nachrichten über den Anbau von Wiesenklee kommen aus der Zeit der spanischen Herrschaft über die Niederlande, von wo ihn protestantische Flüchtlinge ins Rheinland und nach dem Elsaß brachten. Heute ist er ebenso wie der weiße Klee eine unentbehrliche Futterpflanze, wird häufig angebaut, wächst aber auch wild.

Blüte Mai bis September.

Sammelgut und Sammelzeit Die jungen zarten Blätter vor der Blüte.

Verwendung Man kann die jungen Rotkleeblätter wie Spinat — auch gemischt mit anderen Kräutern — zubereiten.
Rot- und Weißkleeblüten sind ein beliebtes Mittel gegen Husten.

Aus »Von der Haushaltungskunst im Kriege« »Die Irrländer machen aus dem rothen Wiesenklee ein sogenanntes Stampfbrod, das sie Chambrock nennen. Wenn man die Blumen dörrt und zu Mehl macht, so kann man Brot daraus zubereiten. Es können noch viele andere Blumen von dieser Gattung dazu dienen.«

Als Zauber- und Sympathiemittel Die Dreiblätter des Rotklees sollen Glück in der Liebe und im Spiel bringen. Wer so ein Dreiblatt bei sich trägt, hat die Gabe, Hexen, Zauberer und gute Feen zu erkennen.

Salz-Dreizack / Strand-Dreizack

Triglochin maritimum

Beschreibung Die 15 bis 75 cm hohe Pflanze hat dickfleischige Stengel und grasähnliche Blätter sowie einen eigenartigen chlorartigen Geruch. Die grünlichen Blüten stehen in dichten Trauben an aufrechten Blütenstielen. Die eiförmigen Früchte sind unter der Spitze eingeschnürt und bestehen aus sechs kleinen Teilfrüchtchen.

Vorkommen Ziemlich selten, dann aber immer gesellig, wie gesät, auf sumpfigen, salzhaltigen Wiesen und am Meeresstrand.

Blüte Juni bis August.

Sammelgut und Sammelzeit Die ganze Pflanze vor der Blüte.

Verwendung Zu Spinat und Suppen brauchbar. Wird in Holstein und Hannover unter dem Namen »Röhr« als Frühlingskohl gern gegessen. Durch Kochen verschwindet der unangenehme Geruch. Früher verwendete man die Pflanze wegen ihres hohen Natrongehaltes zur Sodagewinnung.

Sauerampfer

Rumex acetosa

Beschreibung Das ausdauernde, oft bis zu einen Meter hohe Kraut hat eine senkrechte, oft sehr tief gehende Wurzel. Die unverzweigten Stengel sind aufrecht — oft kommen mehrere aus einem Wurzelstock — gefurcht, beblättert, nach oben zu rötlich. Die grundständigen Blätter haben tiefgerillte lange Stiele, die spieß- oder pfeilförmig sind. Die wechselständigen Stengelblätter sind nach oben zu kürzer gestielt, dann sitzend, viel kleiner und gehen in die Nebenblätter der Blütentrauben über. Die zweihausigen Blüten stehen an warzigen, gestreiften Stielen in langen, endständigen, blattlosen Rispen, die anfangs grün, später rötlich sind. Die Frucht ist nüßchenartig, durch die vergrößerten, klappenartig zusammenschließenden Blütenhüllblättchen verdeckt, wie flache Scheibchen.

Verwechslung Mit dem kleinen Sauerampfer (Rumex acetosella), der aber nur 5 bis 25 cm hoch wird und langgestielte, schmale, spießförmige, sichelartig gebogene Blätter hat. Er wächst meistens auf Sandfeldern und trockenen Böden und ist ebenfalls verwendbar.

Vorkommen Auf feuchten Wiesen, Grasplätzen und in Wäldern, an Wegrändern und Böschungen.

Blüte April bis August, oft nach der Mahd noch einmal.

Sammelgut und Sammelzeit Die spießförmigen sauren Blätter sind vom ersten Frühjahr (März) bis zum späten Herbst als Suppengemüse zu gebrauchen. Auch die beblätterten Stengelspitzen mit Knospen sind zu verwenden. Am besten schmeckt der Sauerampfer in März/April vor der Blüte.

Verwendung Als Salat, Suppe und Gemüse. Einige feingeschnittene Blätter geben der Suppe einen angenehm säuerlichen Geschmack. In manchen Gegenden würzt man das Gemüse mit etwas Zucker, Essig und Korinthen. Sehr gut schmeckt Sauerampfer mit Spinat gemischt, mit Salz, Paprika und saurer Sahne gewürzt. Da Sauerampfer allein in größeren Mengen ziemlich sauer ist, sollte man ihn mit milder schmeckenden Kräutern mischen.
Die an kühlen regnerischen Tagen gesammelten Blätter sollen im Geschmack milder sein als nach längerer Trockenheit. Die Samen können zu Mehl verarbeitet werden.

Die Blätter des Sauerampfers werden in der Volksheilkunde hauptsächlich für blutreinigende Frühjahrskuren verwendet. Vorsicht bei Diät und Anlage zum Sodbrennen.

Schafgarbe
Achillea millefolium

Beschreibung Die ausdauernde, fein wollig behaarte Pflanze hat einen kriechenden, tief in den Boden reichenden Wurzelstock mit unterirdischen Ausläufern. Die Staude wird bis 80 cm hoch. An dem meist aufrechten und zottig behaarten Stengel sitzen reichlich wechselständige, im großen Umriß schmal lanzettliche, ungestielte, zwei- bis dreifach fiederteilige, sehr feine, dunkelgrüne Blättchen mit zahlreichen Zipfeln. Die Grundblätter sind meist langgestielt. Die Blütenkörbchen stehen in schirmartigen Trugdolden, blattachselständig in den oberen Blattwinkeln. Die zahlreichen, sehr kleinen Korbblütchen bestehen aus einem eirunden Hüllkelch mit röhrenförmigen, gelben Scheibenblütchen und fünf dreizipfeligen, weißen, manchmal auch rötlichen Zungenblüten.

Vorkommen Überall verbreitet auf Wiesen, trockenen Grasplätzen, Weiden, an Weg- und Feldrändern, auf trockenem, sandigem Boden, an Bahnböschungen und Abhängen, sogar noch hoch im Gebirge.

Blüte Juni bis Oktober, manchmal bis zum Frost.

Sammelgut und Sammelzeit Im ersten Frühling (März bis Juni), wachsen um die vorjährige, verdorrte Pflanze, die noch starr und braun dasteht, zarte hellgrüne Fiederblättchen. Man erntet sie vor oder gleich nach der Entfaltung der Blüte, bevor sich lange Stengel entwickeln. An sonnigen Rainen gibt es bis zum Spätherbst zarte junge Blätter.

Verwendung Als Gemüse mischt man die Schafgarbe am besten mit Sauerampfer (Seite 106) und Spitzwegerich (Seite 116), da die Blätter — besonders wenn sie nicht mehr ganz jung sind — leicht etwas bitter schmecken. Ebenso mit anderen Wildkräutern als Salat. Wenn die Blätter älter sind, sollte man sie vor der Zubereitung mit heißem Wasser abbrühen. Die ganz jungen Blattrispen kann man auch roh, fein geschnitten aufs Butterbrot streuen, in Salatkräutertunken und in Quark mischen. Schafgarbe paßt auch zu einer Mischung von Brennesseln (Seite 26), etwas Löwenzahn (Seite 72), Gundelrebe (Seite 42) und Scharbockskraut (Seite 110).

Die feine Zerteilung der Blätter macht gründliches Waschen notwendig. Die Schafgarbe wirkt stoffwechselanregend, magenkräftigend, appetitfördernd. Sie fördert die Wundheilung und wirkt krampflösend und schmerzstillend bei Koliken. Wird oft bei Unregelmäßigkeiten der Menses und während der Wechseljahre gebraucht.

Die getrockneten Blätter und Blüten geben einen aromatisch bitteren Tee, ein uraltes Volksheilmittel gegen Magen- und Darmbeschwerden, gegen Lungen- und Nierenleiden.

Scharbockskraut / Feigwurz

Ranunculus ficaria

Beschreibung Das Scharbockskraut gehört zu den allerersten Frühlingsblümchen. Aus einem ausdauernden Wurzelstock mit einer Anzahl Wurzelknollen treiben grundständige, langgestielte, ungeteilte Blätter. Die Wurzelknollen sind Vorratsspreicher, deshalb ist das Scharbockskraut ein Frühblüher. Die glänzenden Blätter sind herzförmig oder rundlich und leicht unregelmäßig gekerbt, die unteren ausgeschweift. Der Stengel ist meist liegend oder verzweigt aufsteigend, manchmal wurzelnd, mit wechselständig verteilten, grasgrünen Blättern. Am Ende trägt er eine glänzende, goldgelbe Blüte mit meist drei zurückgeschlagenen Kelchblättern und acht bis neun Blumenblättern und vielen Staubblättern auf dem Blütenboden. Die Früchte sind fast kugelig, zwei bis drei mm lang, behaart, mit hakig gekrümmtem Schnabel. Die Vermehrung geschieht meist ungeschlechtlich durch die in den Blattachseln sich bildenden Brutknöllchen, die abfallen oder vom Regen weggeschwemmt werden. Die kriechenden Stengel tragen kleine, weizenkornartige Verdickungen, die Stärke enthalten.

Vorkommen Von der Ebene bis in die Voralpen. An feuchten und schattigen Stellen, auf Weiden und an Waldrändern, im Gebüsch, an Zäunen, wüsten Plätzen, in feuchten offenen Wäldern sehr häufig und verbreitet, meist im Schatten und geschützt unter Bäumen und höheren Pflanzen. Sehr gerne an Bächen und Wassergräben.

Blüte März bis Mai.

Sammelgut und Sammelzeit Die jungen Blätter vor der Blüte.
Die Wurzel- und Brutknöllchen erst nach dem Verblühen der Pflanze, weil sie vorher unangenehm scharf sind. — Die Blütenknospen.

Verwendung Nur die ganz jungen, angenehm würzig schmeckenden Blätter können als Salat allein, auch mit Huflattich (Seite 56) gemischt oder unter Kartoffelsalat oder Feldsalat gegessen werden. Die jungen Blätter, Knospen und Stengelspitzen kann man wie Spinat zubereiten und dabei mit anderen Pflanzen mischen. Die in den Blattachseln sitzenden Brutknöllchen sowie die Wurzelknollen geben, erst in Salzwasser eingeweicht oder darin weichgedämpft und dann in Essig gelegt, eine gute Fleischbeilage. Sie eignen sich auch als Gemüse, wenn man sie in Salzwasser fast weichkocht, abseiht und dann in Butter fertig dünstet, mit Mehl andickt und aufgießt. Die Blütenknospen legt man in Essig ein und gebraucht sie als Kapern.

Die Pflanze wurde früher zur Bekämpfung von Skorbut benutzt.

Schlehe / Schwarzdorn

Prunus spinosa

Beschreibung Als eines der ersten Anzeichen des nahenden Frühlings sehen wir zuweilen schon im April die Schlehe — die im Winter als ein dichtes Gestrüpp schwarzer Zweige dasteht — sich mit zahlreichen weißen Blütchen schmücken. Die einzeln oder zu zwei bis drei zusammenstehenden Blüten, die sich noch vor dem Erscheinen der Blätter entfalten, verbreiten einen bittermandelähnlichen Geruch. Die wechselständigen Blätter des ein bis drei Meter hohen, sperrigen, dicht verzweigten Strauches sind eiförmig bis lanzettlich, am Rande doppelt gesägt. Die Zweigenden sind zu spitzen, einfachen Dornen umgewandelt. Die Frucht ist eine kugelige, blaubereifte, saftige Steinfrucht mit stark zusammenziehendem, saurem und herbem Geschmack.

Vorkommen In ganz Europa bis hinauf zum 60. Breitengrad an Feld- und Waldrändern, an Hecken und Zäunen, an sonnigen Fels- und Schutthängen.

Blüte April bis Mai.

Sammelgut und Sammelzeit Die reifen Beeren möglichst erst, nachdem sie einige Fröste mitgemacht haben. Sie sind dann bedeutend milder. Die Blüten, die man bei trockenem Wetter im April/Mai sammelt und dann trocknet

Verwendung Schlehenwein und Schlehengeist sind beliebte Volksmittel. Mit Zucker oder Essig eingemacht geben die Schlehen ein gutes Kompott als Fleischbeilage. Man kann sie zu Süßmost verarbeiten, sollte sie dann aber möglichst mit milderen Fruchtarten mischen.

Die Schlehenblüten und die reifen Früchte gelten in der Volksheilkunde als mild beruhigend, abführend, harn- und schweißtreibend. Blüten und Blätter finden Verwendung bei Magenkrampf, Durchfall und Wurmkrankheiten. Der frische Saft aus den reifen Früchten dient zur Behandlung von Nasenbluten und als Gurgelmittel bei Mund-, Hals- und Zahnfleischkrankheiten.
Die Blüten werden als Tee (1 bis 3 g werden mit einer Tasse kochendem Wasser überbrüht) zur Blutreinigung, zur Anregung des Stoffwechsels verwendet. Die Früchte wirken stärkend bei Erschöpfungszuständen und in der Rekonvaleszenz. Sie beeinflussen günstig Herz und Kreislauf und außerdem Hautunreinheiten wie Pusteln und Akne.

Als Zauber- und Sympathiemittel Im Volksglauben spielt die Schlehe auch heute noch als Sympathiemittel zum Schutz vor Fieber, Gicht, Gelbsucht und gegen Verletzung durch Holzsplitter eine große Rolle.

Schlüsselblume / Primel

Primula veris

Beschreibung Die krautige 10 bis 20 cm hohe Pflanze hat einen ausdauernden kurzen, braunen Wurzelstock, der mit vielen brüchigen Faserwurzeln besetzt ist. Die grundständigen Blätter gehen rosettenförmig aus der Wurzel hervor. Sie sind oval-länglich, vorne abgerundet, runzelig, am Rand gewellt, auf der Unterseite fein filzig und in der Jugend eingerollt und gehen in den langen geflügelten Blattstiel über.

Die dottergelben, sehr wohlriechenden Blüten stehen in Dolden auf Stielen, die die Blätter überragen. Die trichterförmige Blumenkrone besteht aus einer walzigen Röhre mit fünfspaltigem, kurzem, glockigem Saume, die am Schlunde fünf orangefarbene Flecken hat. Sie steckt in einem blaßgrünen, aufgeblasenen Hüllkelch.

Verwechslung Mit der auch meist gesellig vorkommenden Primula elatior = Hohe Schlüsselblume, die sich von ihr hauptsächlich durch die hellere schwefelgelbe Blütenfarbe, den flacheren Blütensaum unterscheidet. Sie riecht nicht so stark und wächst auf feuchten Wiesen. Durch Düngung heute stark zurückgehend; zählt zu den besonders geschützten Arten.

Vorkommen In Süd- und Mitteldeutschland. In lichten Laubwäldern und Waldwiesen, Feldern, in Gebüschen, an Rainen, auf trockenen Wiesen, besonders in hügeligen Gegenden, an Berghängen, an Waldrändern vor Laubausbruch der Bäume. Teilweise geschützt.

Blüte März bis Mai.

Alle europäischen Arten der Schlüsselblume stehen unter Naturschutz.

Spitzwegerich

Plantago lanceolata

Beschreibung Die langen, lanzettlichen, fünf- bis siebenrippigen, etwas glänzenden, mit einem rinnenartig vertieften Stiel versehenen Blätter bilden eine Rosette und streben büschelförmig nach oben. Aus ihnen ragen die langen, blattlosen, gefurchten Blütenstiele mit endständiger, sehr kurzer Blütenähre und unscheinbaren Blüten mit langgestielten, weißlich-gelben oder bräunlichen Staubbeuteln hervor. Zerreibt man einen Blattstiel des Spitzwegerichs — oder jeder anderen Wegerichart —, so kann man den Verlauf der Gefäßbündel und deren Bau sehen. Sie hängen als weiße Fäden heraus.

Verwechslung Mit dem Breit-Wegerich (Plantago major), der aber breit-ovale, langgestielte Blätter hat und eine lange Blütenähre mit kleinen, weiß-rötlichen Blüten auf stielrundem Schaft und mit dem mittleren Wegerich (Plantago media), der elliptische Blätter und eine kürzere Ähre als der Breitwegerich hat und silbergraue Blüten. Beide Wegerich-Arten stehen unter Naturschutz.

Vorkommen Auf Wiesen, Äckern und Weiden, an Wegrändern, auf Brachäckern und auf Ödland.

Blüte April bis September.

Sammelgut und Sammelzeit Die jungen Blätter, die etwas bitter und sehr schleimreich sind, vor der Blüte.

Verwendung Bei jeder Zubereitungsart sind die Blätter erst gründlich zu waschen und die an den Rippen an der Unterseite befindlichen, zähen Fäden wie bei Bohnen abzuziehen.
Die Blätter werden gehackt, als Rohkost gegessen oder mit anderen Wild-pflanzen, die milder schmecken, wie Vogelmiere (Seite 128) oder Giersch (Seite 40) zu Gemüse, Suppe, Salat verwendet. Oder man schneidet die Blätter fein nudelig und gibt sie zur Kräutersuppe.
Spitzwegerich ist ein bewährtes Hustenmittel und bei Katarrhen der oberen Luftwege, Keuchhusten, Lungenspitzenkatarrh, selbst bei Asthma hilfreich. Durch den Kieselsäuregehalt wirkt er harntreibend. Er ist ebenfalls krampflösend, magenstärkend und blutreinigend. Die Essenz ruft außerdem Widerwillen gegen den Tabakgenuß hervor. Die frischen Blätter können auch, wenn man sie zerquetscht, auf kleine Schnitt- und Brandwunden gelegt werden. Er gilt als zuverlässiges Mittel gegen Schlangenbisse und Skorpionstiche.

Taubenkropf / Blasiges Leimkraut

Silene vulgaris

Beschreibung Der Stengel dieser 30 bis 50 cm hohen Pflanze ist weich behaart und verzweigt. Er trägt am oberen Ende aufrechtstehende, meist zweihäusige, weiße Blüten, deren fünf Kronblätter tief zweigespalten sind. Die fünf Kelchblätter sind verwachsen und bilden einen stark aufgeblasenen, kugelig-eiförmigen Kelch, der die Kronblätter umschließt. Die Blätter sind lang-elliptisch, am Grunde verschmälert und stehen wechselständig.

Vorkommen Auf Wiesen, an Wegen und unbebauten Orten.

Blüte Juni bis September.

Sammelgut und Sammelzeit Die Blätter und die jungen Triebe vor der Blüte.

Verwendung Gemischt mit anderen Wildgemüsen als Spinat, Salat und Suppe.

Weiße Taubnessel

Lamium album

Beschreibung Der kriechende Wurzelstock treibt 30 bis 60 cm hohe, aufrechte, vierkantige, hohle Stengel, die meist nur unten verästelt sind. Die gekreuzt gegenständigen, gestielten Blätter sind hellgrün, herzeiförmig lang, ungleich, scharf gesägt und behaart, aber ohne Brennhaare. Die Blüten sind rein weiß, seltener rötlich und sitzen in Scheinquirlen im oberen Stengelteil. Die Blumenkrone ist röhrig, mit zwei deutlichen Lippen. Die vier Staubblätter (zwei lang, zwei kurz) liegen unter der Oberlippe. Die Unterlippe ist mit zwei spitzen Seitenlappen versehen.

Verwechslung Mit der roten Taubnessel (Lamium purpureum), die eine rote Blüte hat und der gefleckten Taubnessel (Lamium maculatum), die der weißen sehr ähnlich ist, nur daß die Lippenblüten rot sind und die Blätter mitunter einen hellen Flecken oder Streifen haben. Sie sind auch verwendbar.

Vorkommen Allgemein verbreitet und meist gesellig unter Gebüschen, an Abhängen und Bahndämmen, Wiesen, Hecken, Rainen und Zäunen, Ufern, Wegen und Mauern, auf Schuttplätzen.

Blüte Mai bis August, im Herbst oft noch einmal.

Sammelgut und Sammelzeit Die jungen Blätter von März bis April vor der Blüte. Das ganze Kraut gleich zu Beginn der Blüte. Die Wurzeln.

Verwendung Die jungen Sprossen und Blätter gemischt mit Spinat und Brennesseln (Seite 26) als Gemüse. Man mischt dazu die Sprossen und Blätter mit einer Handvoll Petersilie, kocht alles einmal auf, drückt aus, und macht das Gemüse wie Spinat fertig, wobei man das Kochwasser möglichst mitverwendet.
Die jungen Blätter allein oder mit anderen Kräutern gemischt als Salat. Auch die Wurzeln werden weichgekocht und dann mit Essig, Öl und Gewürzen angemacht, als Salat gegessen. Aus der blühenden jungen Pflanze macht man Gemüse und Soßen.

Wird bei Erkrankungen der Atem- und Verdauungswege, Menstruationsstörungen und Blasenleiden gebraucht. Äußerlich bei Brandwunden und Geschwüren.

Als Zauber- und Sympathiemittel Gegen den schweren Atem nimm Heiternessel (Taubnessel), schneide sie klein, tu Branntwein daran und auch etwas Bohnen, und nimm morgens und abends ein.

Tripmadam / Salat-Fetthenne

Sedum reflexum

Beschreibung Der spannenlange Stengel trägt fleischige, pfriemliche, spitze Blätter, die am Grunde kurze Anhängsel haben und entweder blaugrün-purpur oder grasgrün sind. Ältere Blätter sind kleiderhakenartig zurückgekrümmt. Im Juni entwickeln sich die schönen gelben Blüten an den vor dem Aufblühen meist zurückgekrümmten Blütenständen.

Verwechslungen Mit der Weißen Fetthenne (Sedum album), einem etwa 15 cm hohen Pflänzchen mit dickfleischigen aber stumpfen Blättern und weißen Blüten, die in einer losen Rispe angeordnet sind.
Mit der Großen Fetthenne (Sedum telephium). Eine 25—60 cm hohe, kräftige Pflanze mit grünen, flachen, länglichen, gezähnten, fleischigen Blättern und kleinen, grünlichgelben Blüten, die in einer sehr dichten, doldenförmigen Rispe stehen. Verbreitet auf trockenen Wiesen und Felsen. Blüte Juli bis September.
Beide Arten sind ebenfalls zu verwenden.

Vorkommen Auf dürren Hügeln, in trockenen Wäldern oder zwischen Felsen und auf altem Gemäuer findet man stellenweise diese seltsame Pflanze. In Norddeutschland seltener. Unter dem Namen »Tripmadam« wird sie in Mittel- und Süddeutschland zuweilen angebaut.

Blüte Juni.

Sammelgut und Sammelzeit Die Blätter, Spitzen und jungen Stengel vor der Blüte.

Verwendung Die säuerlich schmeckenden Blätter und Spitzen der nicht blühenden Stengeltriebe und die jungen Stengel können zu Salat, Saft, Suppen, Soßen und Gemüse allein oder gemischt mit anderen Kräutern verwendet werden.

Die Blatthaut läßt sich leicht in kleinen Lappen abziehen und wurde von den Bauern früher dazu verwendet, ihre Hühneraugen aufzuweichen.

Wohlriechendes Veilchen

Viola odorata

Beschreibung Die wohlriechenden, dunkelvioletten Blüten entwickeln sich wie die Blätter aus dem Wurzelstock. Sie sitzen einzeln an unverzweigten Blütenstielen, die in oder über der Mitte zwei schuppenförmige Blättchen tragen. Die Blütenkrone bilden fünf ungleiche Kron- oder Blütenblätter, von denen eines gespornt ist.

Vorkommen Das ursprünglich im Mittelmeergebiet heimische, ausdauernde Pflänzchen verbirgt sich gern in Hecken und an Zäunen.

Blüte März bis April.

Sammelgut und Sammelzeit Die Blüten, die ohne Stiel gepflückt und vorsichtig im Schatten getrocknet werden, und die von Erde und Staub gesäuberten Blätter.
Der Wurzelstock im August und September.

Verwendung Außer Süßspeisen, Saft, Konfekt, Likör und Marmelade kann man aus Blüten, Wurzeln und Blättern Heiltees herstellen.

Gesundheit Die alten Ärzte benutzten das Veilchen gegen die Wirkung des Alkohols. Veilchensirup ist ein gutes Hustenmittel für Kinder. Der Tee kann sowohl aus den Blüten als auch aus den Blättern oder den Wurzeln zubereitet werden. Zweckmäßig verwendet man entweder Blüten und Blätter zusammen oder die Wurzeln. Den Tee aus den Wurzeln stellt man her, indem man einen Eßlöffel voll der kleingeschnittenen Wurzeln mit $\frac{1}{4}$ Liter Wasser kalt ansetzt und sechs bis acht Stunden ziehen läßt. Danach wird kurz aufgekocht und abgeseiht. Veilchentee (zwei bis vier Gramm getrocknete Veilchen mit einer Tasse kochenden Wassers überbrüht) ist ein gutes Gurgelmittel bei Halsentzündungen, Schluckbeschwerden und Entzündungen in der Mundhöhle. Innerlich leistet der Tee gute Dienste bei Keuchhusten, Husten, Bronchialkatarrh und bei Verschleimung der Luftwege. Die leichte Abkochung von zwei bis vier Gramm der Wurzel gilt als brecherregendes Mittel.

Vogelbeere / Eberesche

Sorbus aucuparia

Beschreibung Dieser drei bis acht Meter hohe Baum hat unpaarig gefiederte, wechselständige Blätter mit vier bis neun Paaren von länglichen,
stachelspitzig gesägten Blättchen. An einem Blattstiel sitzen zehn bis acht-
zehn Blättchen und eines an der Spitze. Sie sind oben satthellgrün, unten
grünlich oder grauweißlich. Die gelblichweißen Blüten sitzen reichblütig
in breiten Trugdolden am Ende reich beblätterter Zweige. Ihre volle
Pracht entfaltet die Vogelbeere im Sommer, wenn die Dolden der erbsengroßen, korallroten, dreisamigen Beeren aus den Blättern leuchten.

Verwechslung Mit der süßen Eberesche (Sorbus domestica), deren
Beeren fast kirschgroß und birnenförmig sind. Sie schmecken sehr viel
besser als die Früchte der Vogelbeere und sind ebenso zu verwenden. Die
blauvioletten Knospen der süßen Eberesche sind fast kahl und klebrig,
während die der Vogelbeere filzig trocken sind. Leider kommt die süße
Eberesche wild sehr selten vor. Sie wird zuweilen in Gärten angepflanzt.

Vorkommen In ganz Europa und im nordwestlichen Asien weit verbreitet, sowohl als Alleebaum, wie in Wäldern und auch einzeln stehend.
Die weißen Blüten riechen stark und eigentümlich, teils nach Mandeln,
teils nach Heringslake. Die Vogelbeere wächst sogar auf alten Türmen,
Dächern und auf hohlen Bäumen.

Blüte Mai bis Juni.

Sammelgut und Sammelzeit Die reifen Beeren ab August, vor Frost-
eintritt.

Verwendung Da die Beeren herbsauer und bitter schmecken, sollte man
sie vor der Verwendung entbittern: Man schüttet sie in kochendes Wasser
und läßt sie aufwallen. Oder man legt sie etwa 10 Stunden in eine schwache
Essiglösung. Danach läßt sich eine kräftige Marmelade aus ihnen kochen,
die sich gut als Zusatz für fade schmeckende Suppen und Marmeladen
eignet. Auch Saft, Sirup, Gelee (sie gelieren gut), Likör und Wein kann
man daraus machen. Als Mischung eignen sich Weißdorn (Seite 134),
Mehlbeeren (Seite 82), Kürbis, Mohrrüben oder Äpfel.
Die Beeren des Vogelbeerbaumes werden im Volk oft irrtümlicherweise
als giftig bezeichnet.
Das Mus hilft bei Magenverstimmungen, Rheuma, bei Hämorrhoiden,
Darmkatarrh und Durchfall. Frischer oder mit Zucker eingekochter Saft
reinigt das Blut, wirkt harntreibend und wird bei Gicht und Rheuma
angewendet.

Vogelmiere / Sternmiere

Stellaria media

Beschreibung Das ein- oder zweijährige, stark verzweigte, rasenbildende, 5 bis 40 cm hohe Gewächs hat eine dünne, spindelförmige, langfaserige Wurzel und liegende oder aufsteigende, stielrunde, sehr zarte und schwache Stengel, die zwischen den Knoten Reihen von Längshaaren haben. Die Stengel fassen an den unteren Gelenken oft Wurzeln und brechen an dieser Stelle leicht ab. Die kleinen, sattgrünen Blätter sind oval, kurz zugespitzt, kahl oder am Grunde gewimpert, gegenständig und ganzrandig, die unteren gestielt und oft herzförmig, die oberen sitzend und schmäler. Die wenigen, kleinen weißen Blüten sind sternartig, blattwinkelständig und stehen an längeren, schlanken Stielen in beblätterten Rispen. Die Blumenblätter, kürzer als der Kelch, sind tief geteilt, mit schmalen, schwach gespreizten Zipfeln.

Verwechslung Mit dem ungenießbaren Feldgauchheil (Anagallis arvensis), auch rote Miere genannt, mit rötlichen, auch violetten Blüten und sitzenden, am Grunde verwachsenen Blättern.

Vorkommen Eins der gemeinsten Unkräuter, häufig auf kultiviertem Land, in Gärten, Weinbergen und Äckern, unbebautem Land, Schutt, in der Nähe von Wohnungen, an Mauern, Wegrändern, Zäunen, Hecken, auch Waldlichtungen und an Ufern von Gewässern. Wuchert üppig das ganze Jahr über auch im Winter und bildet saftige, hellgrüne, dichte Rasen.

Blüte März bis Oktober.

Sammelgut und Sammelzeit Das blühende Kraut ohne Wurzeln ab März. Es ist geruchlos und schmeckt etwas bitter.

Verwendung Die Pflanze mit Blüten als Suppe oder Gemüse. Als Salat kann sie wie junge Bohnen zubereitet werden und schmeckt auch sehr ähnlich. Wegen des milden Geschmacks kann man dieses Kraut als Ausgleich bei bitteren und scharfen Wildkräutern verwenden. Man braucht zwar große Mengen davon, dafür findet man es fast das ganze Jahr hindurch überall.

Die Miere ist reich an Kali. Sie wird bei leichten Erkrankungen der Atemwege, Rheuma und als Auflage bei Wunden und Geschwüren verwendet.

Wegwarte / Zichorie

Cichorium intybus

Beschreibung Aus einer starken, milchsafthaltigen Wurzel, die tief in den Boden hineinreicht, erhebt sich ein bis zu 1 Meter hoher, sperrigästiger, rauhhaariger, hin- und hergebogener, kahler Stengel mit wenigen, kleinen Blättern, der sich sehr schwer brechen läßt. Die lanzettlichen, grobgezähnten Grundblätter sind rosettig angeordnet. Die unteren, wechselständigen Stengelblätter sind fiederteilig, zugespitzt, buchtig gezähnt und auf der Unterseite stark behaart und stengelumfassend wie die oberen kleinen. Die Hauptnerven sämtlicher Blätter treten stark hervor, die Blattflächen sind dunkelgrün. Die Blütenkörbchen stehen zu zwei bis drei in gedrängten Büscheln in der Achsel eines ei-lanzett-förmigen Deckblattes. Die Blüten im Körbchen sind schöne hellblaue, am Ende gezähnte Zungenblüten.

Vorkommen In ganz Deutschland, hauptsächlich aber in Süddeutschland. In der Ebene und auf Hügelland, im Bergland nur einzeln. Besonders an Wegrändern, an Hecken, Mauern, auf Schutt und öden Stellen, auf mageren Wiesen, Weiden, Brachäckern, Bahn- und Flußdämmen.

Blüte Juni bis September.

Sammelgut und Sammelzeit Die Blätter der Grundrosette vor der Blüte. Die Wurzel im Herbst, ab September.

Verwendung Wenn man Wegwarteblätter früh genug sammelt, sind sie als Frühjahrsgemüse, Salat und gehackt aufs Butterbrot unübertroffen. Da sie aber sehr schnell bitter werden, sollte man die Pflanze ausgraben, sobald sich die ersten Blätter bilden. Man schneidet dazu die Wurzel nahe der Oberkante ab. Die Blattkrone muß gerade noch zusammenhalten. Die weißen Teile der Blätter im Boden kann man mit Essig und Öl als Salat anmachen. Besonders gut schmeckt der Salat, wenn man geröstete Brotstückchen daruntermischt, die noch heiß mit Knoblauch abgerieben wurden. Man kann auch den ganzen oberen Teil als Wildgemüse kochen. Wem die Wegwarte zu bitter ist, der kann sie mit anderen milderen Kräutern mischen.

Charakteristisch für die Zichorienwurzel ist der hohe Gehalt an Inulin, deshalb kann man die Wegwarte als Diabetikergemüse verwenden.

Als Zauber- und Sympathiemittel Wer eine Zichorienwurzel am Jakobitage mit einem Hirschgeweih (!) oder einem Goldstück ausgräbt, hat Glück in der Liebe und bekommt Bärenkräfte. Er wird nicht nur hieb-, stich- und kugelfest, sondern kann auch alle Ketten lösen. Als Springwurz öffnet sie ihm verborgene Schatzkammern.

Weidenröschen

Epilobium angustifolium

Beschreibung Aus einem ausdauernden, kriechenden Wurzelstock wachsen feinfasrige Sprossen, die, sobald sie an die Erdoberfläche gelangen, Blätter und Blüten entwickeln. Die hübsche Pflanze wird über 1 m hoch, hat dicht beblätterte, oft rötlich überlaufene Stengel, lanzettliche, weidenähnliche Blätter und große, purpurrote Blüten, die in langen, pyramidenförmigen Trauben stehen. Aus den schotenähnlichen Kapseln quillt beim Aufplatzen der mit langen, weißen Baumwollhaaren versehene Samen, aus dessen Härchen Gespinste angefertigt werden können.

Verwechslung Mit dem viel kleineren, zarten Bergweidenröschen (*Epilobium montanum*), dessen zarte und milde Blätter ebenfalls verwendet werden können. Sogar noch im Spätherbst, wenn die Pflanze schon Samen trägt. Es wächst auf trockenen Hängen, auf Wegen, manchmal sogar als Unkraut im Garten.

Vorkommen Das Weidenröschen wächst ziemlich häufig und gesellig in Lichtungen von Kiefernwäldern, auf sandigen Heiden und Berghängen. In großer Menge erscheint es oft auf abgeholzten Waldstellen und Brandstellen.

Blüte Juni bis September.

Sammelgut und Sammelzeit Die jungen Stocksprossen und Triebe April bis Mai vor der Blüte. Die Blätter auch später.

Verwendung Die jungen Stocksprossen und Triebe können wie Spargel als Salat und Gemüse zubereitet werden. Die jungen Blätter als Salat. Als Gemüse können die Blätter nicht nur im Frühjahr, sondern auch den Sommer über gegessen werden, solange sie noch zart sind. Wegen ihres säuerlichen Geschmacks mischt man sie dazu am besten mit milder schmeckenden Kräutern wie Vogelmiere (Seite 128), Melde oder Spinat. Auch wie Kohl zubereitet schmecken Weidenröschen gut.
Die Blätter sind getrocknet als Haustee verwendbar. Sie werden dafür einzeln abgezupft, möglichst klein geschnitten und im Schatten getrocknet.

Aus »Von der Haushaltungskunst im Kriege« »Die Wurzel des Epilobium angustifolium treibt unter der Erde ungemein viel Stengel wie Spargeln 1 bis 2 Fuß lang und einen Finger dick, die bei uns noch niemand zu nutzen getrachtet hat. Dem Geschmack nach scheinen sie eßbar zu seyn, welches der berühmte H. Gmelin auch bestätigt, indem er berichtet, daß das Mark dieser Stengel in Kamschadka unter die Leckerbissen gezählet werde.«

Weißdorn

Crataegus monogyna

Beschreibung Ein sehr dorniger, mittelgroßer Strauch oder ein kleiner Baum bis 10 Meter Höhe. Die oft bis $1\frac{1}{2}$ cm langen Dornen entstehen aus unentwickelten Zweigen. Die Blätter sind drei- bis fünflappig mit vorwärts gerichteten, ungleich gesägten Lappen. Sie sind beiderseits fast gleichfarbig, glänzend und kahl. Die Blüten stehen in doldenförmigen Trauben an kurzen, beblätterten Zweigen auf kahlen Stielen. Sie sind weiß, haben zwei Griffel und riechen unangenehm. Fliegen und Käfer nehmen die Bestäubung wahr. Der Weißdorn ist oft mehr oder weniger an den jungen Zweigen, Blatt- und Blütenstielen flaumig behaart. Die roten mehligen Früchte sind eirund, zwei- bis dreisteinig und mit den kurzen Kelchresten gekrönt.

Vorkommen Verbreitet und häufig, aber nur stellenweise von der Ebene bis ins untere Bergland. Im lichten Gebüsch, an Hecken und Zäunen, in Laub- und Föhrenwäldern, am Waldrand. Sehr viel in Gärten als Zierhecke und Zierstrauch angepflanzt. Der Weißdorn liebt die Gegenden, in denen es ausgeglichen mäßig warm ist. Wir finden ihn in Europa da, wo der Boden Lehm enthält und Feuchtigkeit.

Blüte April bis Juni.

Sammelgut und Sammelzeit Die Früchte von September bis Oktober. Sie schmecken säuerlich-süß und sind sehr mehlig. Man sammelt sie, wenn sie ganz reif sind.
Die jungen Blätter vor der Blüte einzeln abzupfen, rasch trocknen und vor ihrer Verwendung schneiden.

Verwendung Aus den Früchten des Weißdorns, die fälschlicherweise oft Mehlbeeren genannt werden, kann man Kompott und Gelee machen. Sie eignen sich zum Mischen mit anderen Früchten, da sie gut gelieren.
Die Blätter ergeben einen Tee von schöner, goldgelber Farbe. Am besten sind folgende Mischungen geeignet: Weißdornblätter, Lindenblätter, Pfefferminzstengel, Queckenwurzeln.

In der Volksheilkunde wird die Abkochung der Blätter als Beruhigungsmittel, besonders bei Herzbeschwerden, verwendet. Weißdorn gleicht den Blutdruck aus, belebt und durchblutet das Herz und wirkt auf das Herz krampflösend. Den Tee bereitet man aus Blüten oder Früchten (1 Teelöffel voll wird mit 1 Tasse kochendem Wasser überbrüht).

Wiesenbocksbart

Tragopogon pratensis

Beschreibung Die häufige ¾ Meter hohe Pflanze fällt auf Wiesen und an Wegrändern durch ihre fast grasartigen, schmalen, langen, lanzettlichen Blätter und ihre schönen, großen, sternartigen Korbblüten auf. Die goldgelben Blüten öffnen sich nur vormittags. Das zwei- oder mehrjährige Kraut geht aus einer rübenartigen Wurzel hervor, die süßen Milchsaft enthält. Der kahle Stengel ist fleischig, mit wenigen aufrechten Ästen, glatt und bläulichgrün. Auch die unteren Stengelblätter sind schmal und graugrün. Die einblütigen Blütenstiele sind nur dicht unter dem Köpfchen etwas verdickt. Die acht Kelchblätter sind genauso lang wie die an der Spitze abgeschnitten wirkenden, fünfzähnigen, gelben, zungenförmigen Kronblätter.

Vorkommen Von der Ebene bis ins Voralpenland verbreitet. Meist gesellig, vorwiegend auf feuchten Wiesen und Viehweiden, an Wegrändern, auf Schutt, manchmal auch in Feldern.

Blüte Mai bis Juli.

Sammelgut und Sammelzeit Junge Blätter und Stengel vor der Blüte, Wurzel im Herbst.

Verwendung Blätter, junge Stengel, Sprossen und Knospen als Gemüse, Suppen und als Saft. Die Pflanze eignet sich gut zum Mischen mit herberen Arten. Die fleischige, saftige Wurzel kann in Scheiben geschnitten als Salat gegessen werden. Man kann die Stengel mit Knospen unzerkleinert wie Spargel zubereiten. Die Wiesenbocksbartwurzel hat auch den Namen »falsche Schwarzwurzel«. Die Wurzel wird überbrüht, die schwarze Haut abgezogen und die Wurzel wie Schwarzwurzeln zubereitet. Der Stengel mit seinem Mark wird wie Stielmus zubereitet, kann aber auch — wegen des süßen Geschmacks — roh gegessen werden.

Wiesenknöterich / Natternknöterich

Polygonum bistorta

Beschreibung Aus einer schlangenförmigen, gewundenen, daumendicken, außen braunen Wurzel mit vielen Nebenwurzeln wächst ein einfacher, harter Stengel mit geschwollenen Knoten. Am Ende trägt er eine schlanke, walzige, lockere Scheinähre mit kleinen, vier- bis fünfteiligen Blüten, die innen und außen rosa gefärbt sind. Die Blätter stehen wechselständig und sind länglich-oval bis lanzettlich oder herzförmig. Die unteren Blätter haben einen geflügelten, langen Stiel, die oberen sind kurzstielig oder am Stengel sitzend.

Vorkommen In Europa kommt der Wiesenknöterich an Straßengräben und auf feuchten Bergwiesen vor, wo er alle anderen Kräuter überwuchert und wie ausgesät erscheint.

Blüte Juni bis Juli.

Sammelgut und Sammelzeit Die jungen Blätter und Sprossen vor der Blüte.

Verwendung Die Pflanze gibt ein ausgezeichnetes Gemüse, das gut zubereitet dem Spinat nicht nachsteht. Dabei werden Blätter und Stengel verwendet.

In der Volksheilkunde wurde der »Natternknöterich« bei verschiedenartigen inneren Blutungen verwendet und in manchen Gegenden gegen Schlangenbisse.

Wiesenknopf / Prunelle

Sanguisorba officinalis

Beschreibung Ein unbehaartes, aufrechtes Kraut mit einem kräftigen, mit dicken Fasern besetzten Wurzelstock und 60 bis 90 cm hohem, gabelästigem, hohlem und wenig beblättertem Stengel. Die unpaarig gefiederten Blätter sind meistens grundständig und bilden eine Rosette. Die Blätter am unteren Teil des Stengels sind langgestielt und haben ovale, kurzgestielte, scharf gezähnte, oben glänzend dunkelgrüne, unten matthellgrüne, fünf bis elf Fiederblättchen. Der obere Teil des Stengels ist gewöhnlich unbeblättert und teilt sich in drei oder mehrere lange, aufrechte Blütenstiele, von denen jeder einen eiförmigen Ährenblütenkopf aus braunen bis purpurnen, kleinen Blüten trägt. Auf der Wiese fallen diese über das Gras hinausragenden Blütenköpfchen besonders auf.

Verwechslung Mit der Becherblume (Sanguisorba minor), die sich vom Wiesenknopf darin unterscheidet, daß sie zwar einen rötlichen Schimmer besitzt, der vom Herausragen der Narben kommt, im übrigen aber grün und nicht rotbraun ist. Die Becherblume nennt man auch italienische Bibernelle, weil sie wegen des gurkenähnlichen Geschmacks in Italien zur Verbesserung des Aromas dem Wein zugesetzt wird. Bei uns zieht man sie als Soßen- und Suppengewürz in Gärten.

Vorkommen In Deutschland stellenweise häufig, besonders in gebirgigen Gegenden, auf mäßig feuchten Wiesen und Weiden.

Blüte Juni bis September.

Sammelgut und Sammelzeit (Bitte beachten: Der Wiesenknopf steht in einigen Bundesländern — darunter Bremen und Niedersachsen — unter Naturschutz.) Die jungen Blätter und Triebe im Frühjahr vor der Blüte, April bis Mai.

Verwendung Die jungen Blätter und Triebe allein oder gemischt mit anderen Wildkräutern als Salat, Kräutersuppe und Gemüse.

Wiesenschaumkraut

Cardamine pratensis

Beschreibung Die 30 bis 50 cm hohe Pflanze hat einen kahlen, drehrunden, hohlen Stengel und unpaarig gefiederte Blätter. Die Grundblätter stehen in einer Rosette. Die Fiederblättchen sind rundlich, das endstandige bedeutend größer. Bei den Stengelblättern sind die Fiederchen länglich. Die blaßvioletten, rosa oder weißen Blüten haben lange Kronblüten, die den Kelch weit überragen und gelbe Staubgefäße. Die Pflanze ist ein Kreuzblütler.

Verwechslung Mit dem bitteren Schaumkraut (Cardamine amara), das viel seltener als das Wiesenschaumkraut ist und stets in der Nähe von Wasser vorkommt. Sein Stengel ist kantig, markig, ohne Grundblattrosetten. Die Blüten sind weiß mit violetten Staubbeuteln. Die Pflanze ist zwar etwas bitterer als das Wiesenschaumkraut, aber auch verwendbar.

Vorkommen In den ersten Frühlingstagen auf allen Wiesen, die dadurch wie mit Schaum bedeckt erscheinen. Oft findet man aber an den Stengeln wirklich Schaum, den sogenannten Kuckucksspeichel, den die Larven der Schaumzirpe zu ihrem Schutz erzeugen.

Blüte April bis Mai.

Sammelgut und Sammelzeit Die jungen, zarten Blätter vor der Blüte, ebenso die jungen Stengelspitzen mit den Knospen.

Verwendung Die Blätter, Stengelspitzen und Knospen roh oder als Salat.

Das Wiesenschaumkraut, das gleich den Kohlarten und der Brunnenkresse ein scharfes, ätherisches Öl enthält, gilt als hilfreich gegen Skorbut, bei chronischen Ausschlägen und trägem Stoffwechsel. Es ist harntreibend.

REZEPTE

Hinweise für die Zubereitung von
Suppen — Gemüsen — Soßen — Pfannengerichten —
Salaten

Jede Wildgemüsepflanze hat, ebenso wie unser Gartengemüse, ihren eigenen, unverwechselbaren Geschmack. Um herauszufinden, welchen Geschmack man mag und welcher einem zuwider ist, sollte man jede Pflanze erst einmal allein probieren. Dafür dünstet man einfach eine Handvoll Blättchen kurz in Butter und salzt sparsam. Hat man das gemacht, kann eigentlich bei der Zubereitung von Wildgemüse, Salaten und Suppe nichts mehr schief gehen. Anstatt sich sklavisch an die vorgegebenen Rezepte zu halten, die nur Anregungen geben wollen, mischt man in freier Komposition die verschiedenen Arten, milde zu herben, bittere zu süßen oder holt sich weitere Rezepte aus jedem einschlägigen Gemüsekochbuch. Wir haben absichtlich darauf verzichtet, bei den Rezepten für Suppen, Gemüse und Pfannengerichte die Mengen anzugeben. Denn was tut man, wenn man mit zwei Handvoll gefundenen Pflanzen ankommt und da steht: »Man nehme 1 kg Giersch . . .«?

Wer die Blättchen dann resigniert in den Mülleimer wirft, sollte die Pflanzen lieber auf der Wiese stehen lassen oder sie nur als Blumenstrauß pflücken. Allein Geschmack und Fantasie des Sammlers sind bei der Zubereitung maßgebend. Er sammelt, was er findet, probiert es aus und nimmt soviel Zutaten, wie er beim normalen Gemüsekochen auch verwendet. Findet er wenig, langt es noch zur Suppe oder Soße, ist das Körbchen voll, gibt's ein leckeres Gemüse.

Wenn irgend möglich, sollten die Pflanzen vor der Zubereitung auch nicht abgebrüht werden — mit Ausnahme vielleicht von Adlerfarn —. Nicht nur der spezifische Wildgeschmack geht verloren, sondern auch die in diesen Pflanzen so üppig vorhandenen Vitamine und Mineralien leiden darunter.

Wem der Geschmack einer Pflanze zu durchdringend ist, nimmt eben entsprechend weniger davon. Auch kann man einem Gericht immer zur Milderung des Geschmacks etwas Milch oder Sahne zusetzen. Alle Pflanzen, von denen man Salate, Suppe und Gemüse machen kann, eignen sich auch für Eintopfgerichte, Bratlinge, Puffer, Klößchen, Stielmus usw.

Die Wildgemüse-Saison dauert meistens länger als nur das Frühjahr hindurch. Die ersten zarten wenigen Blättchen im März verbraucht man am besten zu Salat. Manche Pflanzen sind auch im Hochsommer noch zart genug zur Suppe und für Gemüse. Man kann es beim Schneiden der Blätter und Stengelspitzen leicht herausfinden. Viele Pflanzen bekommen ja auch im Lauf des Jahres immer neue frische Blättchen und Sprossen. Suppen sollte man möglichst mit Kartoffeln und nicht mit Mehl binden, da die Kartoffel oft einen etwas zu scharfen Geschmack neutralisiert. Gibt man Gemüse in fertige Suppen, so soll man sie nicht zu fein schneiden und der Suppe erst zusetzen, wenn die Kartoffeln fast gar sind. Immer aber soll man ein paar rohe Kräuter feingeschnitten vor dem Auftragen in die Suppe geben.

Selbstverständlich müssen alle Wildpflanzen vor der Zubereitung gründlich gewaschen werden, möglichst in Salzwasser.

Empfehlenswerte Mischungen für Wildgemüse:
- Giersch, Gänseblümchen, Hopfensprossen, junge Triebe von Brombeeren;
- Wiesenschaumkraut, Beinwell, Scharbockskraut, Vogelmiere;
- Melde, Ochsenzunge, Brustwurz;
- Beinwell, Knopfkraut, Wiesenbocksbart, Malve;
- Löwenzahn, Vogelmiere, Giersch, Melde, Taub- und Brennessel, Huflattich, Wegerich, Scharbockskraut.

Auch aus den Blüten vom Scharbockskraut, Sauerklee, Gänseblümchen, Beinwell (ohne Kelche), Nachtkerze, Pastinak, Ackersenf, Hederich und Wiesenschaumkraut lassen sich Gemüse kochen.

Gerade die Kräuter, die etwas bitter und streng schmecken, sind übrigens besonders drüsen- und stoffwechselanregend.

Wer das Isländisch Moos (Seite 58) als Nahrungsmittel verwenden will, sollte es vorher entbittern.

Entbittern des Isländisch Mooses:

Aus dem gereinigten Moos muß vor Gebrauch der in ihm enthaltene Bitterstoff ausgezogen werden. Dieser Bitterstoff, das Cetrarin, beeinträchtigt den Geschmack und kann Verdauungsstörungen verursachen. Zum Ausziehen des Bitterstoffes muß man eine etwa 1% Pottasche-Lösung oder eine Lösung von 100 Gramm reinem kohlesauren Kali (Apotheke), das sind 5—6 Eßlöffel auf 6 Liter Wasser, ansetzen. Dabei rechnet man auf ein Kilogramm feuchte Flechte — dies entspricht $\frac{1}{3}$ Kilogramm luftgetrocknete Flechte — etwa 20 Liter der Pottasche-Lösung. In dieser Lösung wird das Moos locker schwimmend eingeweicht. Läßt man das Moos 24 Stunden unter wiederholtem Umrühren in der Lösung bei Zimmertemperatur stehen, so ist aller Bitterstoff entfernt. Das braune Wasser wird abgegossen und das Moos noch 2—3mal mit frischem Wasser gewaschen. Bei jungen, grünen Flechten sollte sich dieser Vorgang besser über 2 mal 12 Stunden erstrecken. Nach dem Trocknen muß die Flechte völlig geschmacklos sein, sonst sollte das Verfahren nochmals wiederholt werden.

Mit der Schrot- oder Mehlmühle lassen sich die entbitterten Flechten zu mittelfeinem Pulver mahlen, mit dem sich unter Zusatz von Roggenmehl gut backen läßt. Siehe Seite 210.

Wildgemüsesuppen

Frühlingskräutersuppe

Eine Handvoll Erdbeerblätter, Sauerampfer, ganz junge Brennesseln, Gänseblümchen, Schafgarbeblättchen und Gundermann (wenig) waschen, grob hacken und in Fleischbrühe aufkochen. Die Suppe wird mit 1—2 Eidottern und ein wenig Milch verfeinert, darf aber dann nicht mehr kochen.

Kräutersaftsuppe

Mehrere Hände voll jungem Spinat, Kerbel, Petersilie, Schnittlauch, etwas Gundermann und Schafgarbe verlesen, waschen und durch den Entsafter geben, so daß man etwa $\frac{1}{4}$ l Saft erhält. Den Saft mit 2—3 Eidottern und 1 Eßlöffel Mehl verquirlen, unter ständigem Umrühren $2\frac{1}{2}$ l kochende Fleischbrühe zugießen und die Suppe über gerösteten Semmelwürfeln anrichten.

Gesundheitssuppe

Eine Handvoll Kerbel, die doppelte Menge junger Sauerampfer, vier Kopfsalathäuptchen und ein Bündel Petersilie gut verlesen, waschen und nicht zu fein schneiden. Die Kräuter in 125 g Butter dünsten, 3—4 l kräftige Fleischbrühe zugießen und die Brühe mit den Kräutern eine halbe Stunde lang langsam kochen lassen. Die Suppe über gerösteten Semmelwürfeln servieren.

Wildkräutersuppe mit Sauerampfer

Sauerampfer, Löwenzahn, Schafgarbe oder Bocksbart, ganz wenig Feldquendel oder Gundermann gründlich waschen, grob hacken. Die Kräuter mit feingehackter Zwiebel und etwas Mehl andünsten, mit Wasser oder Fleischbrühe aufgießen und gut durchkochen lassen. Vor dem Anrichten die Suppe durch ein nicht zu kleines Sieb geben und über gerösteten Semmelschnitten anrichten.

Kräutersuppe nach Alexander von Humboldt

Gundermann, Schafgarbe, Pimpinelle, Tripmadam, Brunnenkresse, Gänseblümchen, Waldmeister, Sauerampfer, Portulak und Kerbel werden im Mai frisch gesammelt, sorglich gereinigt, zu gleichen Teilen in Wasser zerkocht, dann durch ein grobes Sieb gestrichen. Die Suppe mit Mehl und Butter einbrennen, mit Eigelb abziehen und mit einem ganzen eingeschlagenen Ei und buttergerösteten Roggenbrotschnitten auftragen.

Einfache Kräutersuppe

Junge Blätter, Triebe und Knospen beliebig vieler Wildgemüsearten sauber waschen und fein hacken oder durch den Mixer geben. Die Masse mit Wasser verdünnen und etwa 15 Minuten kochen. Auf 1 l Gemüse rechnet man dabei mit $1\frac{1}{2}$ l Wasser. Die Suppe mit in saurer Sahne oder Buttermilch verquirltem Mehl oder mit in Mehl gedünsteten Zwiebeln sämig machen und salzen. Dazu schmecken verlorene oder gekochte Eier oder Würstchen und geröstete Brotschnitten.

Feinere Kräutersuppe

Beliebig viele Arten von Wildgemüse waschen und hacken, mit wenig
Wasser gar kochen und durch ein Sieb rühren. Mit Rinderbrühe auf-
füllen und mit Mehl und saurer Sahne sämig machen. Mit einem
Einlauf oder Eierstich verfeinern. — Wird diese Suppe von zarten
Kräutern, wie Melde, Feldsalat, Scharbockskraut, Knopfkraut,
Wiesen-Bocksbart usw., gekocht, so braucht man sie nicht durch ein
Sieb zu geben. Hopfensprossen und etwas Waldmeister verfeinern
Duft und Geschmack.

Panadesuppe mit Kräutern

Je eine Handvoll Sauerampfer und Kerbel verlesen, waschen,
ausdrücken und fein hacken. In heißer Butter andünsten, einige Löffel
Fleischbrühe darübergießen und gut zugedeckt weichdämpfen lassen.
2—3 abgeriebene Semmeln in feine Scheiben schneiden und im Ofen
trocknen. Anschließend zu den Kräutern geben und mit 2 l kräftiger
Fleischbrühe eine halbe Stunde lang kochen. Die fertige Suppe mit
Eidottern, saurer Sahne, einem Stückchen Butter und einer Prise Salz
würzen und über gerösteten Semmelscheiben anrichten.
Panade = Bindemittel aus Brot, Mehl oder Reis für Füllungen.

Russische Brennesselsuppe

Aus etwa 1$\frac{1}{4}$ kg Rindfleisch und $\frac{1}{2}$ kg Schinken mit Suppengemüse
und Gewürzen eine kräftige Brühe kochen und durchgießen.
Ungefähr 1 kg junge Brennesseln verlesen und waschen, mit
kochendem Wasser überbrühen, abschrecken und grob hacken. Einen
Löffel Mehl in 70 g Butter anrösten, die Brennesseln darin kurz
dünsten, die Fleischbrühe zugießen und die Suppe kräftig durchkochen. Mit gehackter Petersilie und gehacktem Dill würzen, $\frac{1}{4}$ l saure
Sahne dazugeben und die Suppe über hartgekochten Eiern, gebrate-
nen und in Scheiben geschnittenen Würstchen oder würflig geschnitte-
nem Schinken anrichten. In Rußland gibt man Watruschki dazu,
kleine mit Quark gefüllte Pastetchen.

Frühlingssuppe

Je eine Handvoll gehackte Löwenzahnblätter, Sauerampfer und etwas Pimpinelle in Fett weichdünsten, mit Fleischbrühe auffüllen und mit Salz und Pfeffer abschmecken. Etwas Mehl in saurer Sahne oder Milch anrühren und die Suppe damit sämig machen.

Deutsche Brennesselsuppe

Die jungen Brennesselblätter in Salzwasser weichkochen und grob hacken. Dann in etwas Butter andünsten und mit Brühe auffüllen. Sämig wird die Suppe durch feingewürfelte Kartoffelstückchen. Mit Dill, Salz und Pfeffer würzen.

Breitwegerichsuppe

Eine helle Mehlschwitze mit Brühe auffüllen, die feingewiegten Wegerichblätter hineingeben (vorher Blattrippen entfernen) und die Suppe noch eine Viertelstunde kochen. Mit Petersilie und gerösteten Weißbrotwürfeln servieren.

Brunnenkressesuppe

Brunnenkresseblätter mit kleingeschnittenen Kartoffeln in reichlich Wasser langsam garkochen, passieren, mit Salz und Pfeffer würzen, mit Sahne binden, ein Stückchen Butter hinzufügen.

Gänseblümchensuppe

Etwas Fett mit Mehl andünsten und mit Fleischbrühe auffüllen. Dann die sauber geputzten und gewaschenen, ganzen Gänseblümchen fein hacken und in die Suppe geben. Für jede Person rechnet man einen Eßlöffel Gänseblümchen. Einige Male aufwallen lassen. Mit Schnittlauch und Salz abschmecken.

Isländisch-Moos-Suppe

20 g Isländisch Moos in 2 Liter Wasser $\frac{1}{2}$ Stunde kochen. 2 Eßlöffel Weizenmehl mit einem Stückchen Butter dämpfen, salzen und mit Fleischbrühe oder Wasser ablöschen. Die gekochte Flechte mit

der aus ihr gekochten sämigen Flüssigkeit in die Brühe geben und alles zusammen noch eine weitere Stunde leicht kochen lassen. Falls sich Schaum bildet, abschöpfen. Die Suppe über mit Wasser angerührtem Eigelb anrichten und mit süßer oder saurer Sahne verfeinern.

Das Isländisch Moos verlangt wie alle kalireiche Pflanzenkost reichlich Kochsalzzusatz. Zitronensaft erhöht den Wohlgeschmack. Entbittern des Mooses (Seite 146).

Suppe aus Isländisch-Moos-Mehl

10 g grobes Flechtenmehl von Isländisch Moos mit 1 Liter Wasser unter Zusatz von Salz (ca. 10—12 g) und einem Stück Butter $\frac{1}{2}$ Stunde in zugedecktem Topf unter gelegentlichem Umrühren kochen. 1 Teelöffel Weizenmehl mit 1 Teelöffel Milch anrühren, zusetzen und noch 5—10 Minuten weiterkochen. Die so gewonnene sämige Suppe kann noch über einem Eigelb angerichtet werden.

Gierschsuppe

Die sauber gewaschenen Blätter und Triebe des Giersch hacken. Aus einer kleingeschnittenen Zwiebel, Fett und etwas Mehl eine Schwitze herstellen, die man mit Milch und Wasser auffüllt. Würfelig geschnittene Kartoffeln zugeben, würzen. Kurz vor dem Garwerden der Kartoffeln die feingewiegten Wildkräuter dazugeben und noch eine Viertelstunde kochen lassen.

Kerbelsuppe

4 Eßlöffel feingehackter Kerbel mit 2 Tassen Wasser durchkochen, 30 g frische Butter zugeben, mit 2 Eigelb und 2 Teelöffel Mehl andicken und über gerösteten Semmelstücken anrichten.

Malven-Suppe

Gemischte Gemüse, z. B. Spinat, Sauerampfer, Mangold, Kopfsalat oder Endiviensalat, auch Feldsalat und ein oder zwei Lauchstangen mit einem großen Sträußchen Wiesenmalve kleinhacken. Entweder in frischer Butter kurz andünsten, mit Wasser auffüllen oder in einer fertigen Fleischbrühe noch kurz mitkochen. Wenn die Suppe fertig ist, kurz vor dem Servieren mit frischer Sahne oder einem Ei legieren.

Nelkenwurzsuppe

Die Nelkenwurz von den derben Stielen befreien und die Blätter in etwas Wasser oder Fleischbrühe weichkochen (das Wasser nicht weggießen). Die Blätter sehr fein wiegen, mit Fett und Mehl zusammen andünsten (nicht bräunen). Dann mit dem Gemüsewasser auffüllen und gut durchkochen.

Pastinakensuppe

Etwa 5—6 sauber geputzte, in Stücke geschnittene Pastinaken, 2 kleine Zwiebeln, etwas Sellerie in $2\frac{1}{2}$ bis 3 l kräftiger, heller Fleischbrühe langsam weichkochen lassen. Dann das Gemüse herausnehmen, auf einem Sieb ablaufen lassen und im Mixer oder im Sieb pürieren. Wieder in die Suppe geben und kurz aufkochen. Mit Salz, Pfeffer und etwas gehackter Petersilie würzen. — In England und Amerika kocht man in der Suppe auch einige frische oder eingemachte Tomaten mit, um die allzu große Süße der Pastinaken zu mildern.

Sauerampfersuppe

Drei Handvoll Sauerampfer sorgfältig waschen, von Stielen und Mittelrippen abzupfen, hacken und mit einem großen Stück Butter auf kleinem Feuer kurz andünsten. Salz, Pfeffer und genügend heißes Wasser zufügen, um nach dem Einkochen Suppe für 4 oder 5 Personen zu haben. 20 Minuten leicht kochen lassen. Inzwischen im Ofen ganz dünne Scheiben Weißbrot trocknen. In einer Tasse 2 Eigelb mit ganz wenig Essig und 1 Eßlöffel Milch verrühren, zur Suppe gießen, gut umrühren und die Suppe über den getrockneten Weißbrotscheiben anrichten.

Sauerampfersuppe mit Kopfsalat

Eine Handvoll Sauerampfer von Stengeln und Mittelrippen befreien und 2 Herzen Kopfsalat klein schneiden, waschen und in Butter kurz andünsten. Dann soviel heißes Wasser zugießen, wie man Suppe haben will, wobei man das Einkochen berücksichtigen muß. Salzen, pfeffern und ungefähr 20 Minuten köcheln lassen. Abschmecken und vor dem Anrichten mit einem Eigelb binden. Dazu gibt es gebackene Semmelstücke oder dünne Scheiben Weißbrot, die man im Ofen getrocknet hat.

Kartoffel-Lauch-Suppe mit Sauerampfer

Ein Pfund Kartoffeln schälen, waschen, in kleine Würfel schneiden und mit 2 ebenfalls kleingeschnittenen Lauchstengeln, ein wenig Butter, Salz und Pfeffer aufsetzen. 10 Minuten langsam dünsten lassen, dann 3 l Wasser zugießen und auf starkem Feuer weiterkochen. Wenn Kartoffeln und Lauch völlig gar sind, die Suppe durch ein feines Sieb geben. Ein Viertelpfund gehackten Sauerampfer in etwas Butter kurz dünsten. In einer heißen Suppenterrine drei geschlagene Eigelb mit einem kleinen Glas süßer Sahne mischen, die kochende Suppe daraufgießen, gut umrühren und sofort auftragen.

Vogelmierensuppe

Die ganzen Vogelmierenpflänzchen sauber waschen und sehr fein wiegen, am besten durch den Mixer geben. Eine helle Mehlschwitze herstellen, den Vogelmierenbrei zugeben, mit Brühe auffüllen, salzen und die Suppe $\frac{1}{4}$ Stunde kochen lassen. Ganz wenig Dill kurze Zeit mitkochen und die Suppe über gerösteten Semmelwürfeln anrichten.

Wegwartensuppe

Geputzte und gewaschene Wegwartenblätter in Salzwasser eine gute Viertelstunde kochen lassen und dann grob hacken. Danach das Gemüse einige Minuten mit Butter andünsten, mit Salz, Pfeffer und geriebener Muskatnuß abschmecken und in Brühe oder Wasser eine Dreiviertelstunde lang kochen lassen. Mit Eidottern legieren und über gerösteten Semmelwürfeln anrichten.

REZEPTE AUS ALTEN KOCHBÜCHERN

Allerhand Grünkraut und Müsingen zu bereiten

Nehmet schön Brunnenwasser, etwas altgebacken Weiß-Brod / hänget es übers Feuer / und scherbt unterdessen das grüne Kraut / als Kerffel / Bethe / Ochsen-Zung / Borrage / die jungen Blätter von schwartzen Johannisbeeren / und Gold-Blumenblätter / auch Lauch / Katzen-Nept (Nepta) ein wenig Spinat und Sauerampff / wenn nun das Weiß-Brod eine Zeitlang gekocht / so daß das Brod zergangen / thut was ihr von gemeldten Kräutern habt mit Butter und Saltz hinzu / und last es gar kochen.

Auf eine andere Art

Nehmet Spinat oder Schließlattich / Endivien / Bethe / Sauerampffer / Sprossen von Kohl / Portulac etc. Eines von diesem wohl mürbe gekocht / wird mit Butter / Mußcaten-Blumen / auch Mußcaten-Nüssen und Saltz aufm Feuer-Becken gestovet.

Kerffelsuppen zu machen

Verleset und hacket den Kerffel gantz klein / kochet ihn in süßer Milch gar / schlaget alsdenn zwey oder drey Eyer durch einander / thut ein Stück Butter hinzu / schneidet hernacher Weiß-Brod in eine Schüssel und gießet diese Kerfeli-Brühe darüber.

WILDFRÜCHTESUPPEN

Hagebuttensuppe

Frische Hagebutten entkernen, waschen und im Mixer soweit wie möglich zerkleinern. Wasser mit Weiß- oder Rotwein vermischen, Zucker und abgeriebene Zitronenschale zugeben und darin die Hagebutten erhitzen, allerdings nur ganz kurz. Mit roh geriebenen Äpfeln und eingestreuten Zwiebackbröseln die Suppe sämig machen. Mit Suppenmakronen oder Eierschneebällchen heiß oder kalt anrichten.

Hagebuttensuppe für Kranke

Gut gereinigte Hagebutten in Wasser mit etwas Zwieback oder Weißbrot weichkochen, durch ein Sieb rühren, wieder zum Kochen bringen, mit Zucker und Zimt und, wenn es dem Kranken erlaubt ist, mit etwas Wein würzen. Man gibt folgende Klößchen in diese Suppe: Aus 20 g zu Schaum gerührter Butter, 2 Eiern, Zucker, etwas süßer Sahne, Salz und wenig Zitronenschale rührt man mit dem nötigen geriebenen Zwieback eine Masse, formt Klößchen daraus, die man in der Suppe gar kocht.

Hafergrützesuppe mit Hagebutten

100 g getrocknete Hagebutten und 70 g große Rosinen waschen, mit einer Tasse Haferflocken in $2\frac{1}{2}$ Liter Wasser völlig weich kochen und durch ein Sieb rühren. Die Suppe wieder zum Kochen bringen, mit einem in Weißwein zerquirlten Eigelb binden, mit Salz, Zucker und Zimt würzen und über gerösteter Semmel oder zerbrochenem Zwieback anrichten.

Holunderbeersuppe

Sehr reife Holunderbeeren abbeeren, waschen und mit ganzem Zimt, Zitronenschale und soviel Wasser, daß sie bedeckt sind, langsam eine halbe Stunde kochen. Anschließend durch ein Sieb streichen und mit dem nötigen Zucker, 1 Liter heißem Wasser, einer Prise Salz und einem Stückchen Butter wieder zum Kochen bringen. Die Suppe mit einem Löffel Kartoffelmehl, das in ein reichliches Glas Weißwein eingerührt wurde, sämig machen und über gerösteten Semmelwürfeln anrichten.

Man kann die Beeren auch gleich mit $1\frac{1}{2}$ Liter Wasser zerkochen, dann durch ein Sieb geben, mit Zucker, Zimt und Zitronenschale würzen und mit einer hellgelben Mehlschwitze einbrennen. Zuletzt gibt man $\frac{1}{4}$ Liter süße Sahne zu und richtet über gerösteten Semmelwürfeln an. — Sehr gut schmeckt auch ein Zusatz von geschälten und in Stücke zerschnittenen Äpfeln, Birnen oder Pflaumen. In Holstein verdickt man die Suppe mit Hafergrütze, Sago oder Reismehl.

Holunderblüten-Kaltschale

Zwei Holunderdolden in einem reichlichen Liter Milch einige Minuten kochen. Die Dolden wieder herausnehmen, 1 Löffel Kartoffelmehl, etwas Zucker und Salz zur Suppe geben. Von 1 bis 2 Eiern die Dotter trennen und in die Suppe rühren. Das Eiweiß zu Schaum schlagen, Klößchen abstechen, auf die Suppe geben und sie im zugedeckten Topf stocken lassen. Die Holundermilch erkalten lassen.

Wildgemüse

WILDGEMÜSE KALT

Schafgarbensülze mit Meerrettich

Einen halben Löffel geriebenen Meerrettich und einige fein zerkleinerte Schafgarbenblätter mit $\frac{1}{4}$ l Milch verrühren, mit Essig, Salz und Zucker würzen, mit 4 Blatt gelöster Gelatine vermischen und in Eierbecher oder ähnliche kleine Formen füllen. Nach dem Erstarren stürzen. Als Beigabe zu Klößen oder kaltem Fleisch.

Hors d'œuvre aus Ackersenf

Gekochten Ackersenf hacken, mit knusprigen Schinkenstückchen und feingehackten Zwiebeln abschmecken und darauf dünne Scheiben eines hartgekochten Eies geben. Man kann dieses Gericht heiß oder kalt mit Salatsoße oder reinem Mostessig servieren.

Wiesenbocksbartsülze

Die jungen Triebe des Wiesenbocksbarts mit den Knospen in Salzwasser weichkochen. Essig und Gewürz zusetzen und einige Blatt Gelatine (auf $\frac{1}{2}$ Liter Gemüsekochwasser etwa 6 Blatt) hinzufügen. In die Form erst etwas Sülze gießen, einige abgekochte Margariten darauflegen, dann auf die erstarrte Masse den Rest der Bocksbartsülze schütten. Mit Radieschenscheiben garnieren.

WILDGEMÜSE WARM

Wildspinat

Die Blätter und Stengelspitzen verschiedener Wildgemüsearten nach
eigener Zusammenstellung — es können 10 bis 20 Arten sein — sauber
waschen und grob hacken. Einen kleinen Teil des rohen Gemüses
zurückbehalten und fein hacken. Gewürfelten Räucherspeck oder
Schinken anbraten, das Wildgemüse und mit Mehl verquirlte Sahne
oder Buttermilch zugeben und etwa eine Viertelstunde durchkochen.
Das rohe Gemüse unterrühren und einige Minuten ziehen lassen.

Stielmus mit und ohne Hefe

Dieses Gemüse ist um so schmackhafter, je mehr Stiele verschiedener
Pflanzen dazu verwendet werden.
Junge Stengel oder Blattstiele von Beinwell, Wiesen-Bocksbart,
Brustwurz, Engelwurz, Pastinak, Klette (sehr jung), Brunnenkresse
u. a. vor der Blüte sammeln, schälen oder abschaben und in 2 cm
lange Stücke schneiden. Findet man zu wenig geeignete Waldkräu-
ter, so kann man Blattstiele von Mangold, roten Rüben, Runkel-,
Zucker- oder Mairüben, Kohlrabi, Kohlrüben, Rhabarber oder Sellerie dazugeben.
Die Stiele mit 30—40 g zerbröckelter Hefe in etwas Wasser
weichkochen. Dann Buttermilch, saure Sahne oder Milch mit ein
wenig Mehl binden und die Stiele dazutun. Das Gericht kann als
dickes Mus, auch ohne Mehl wie Spargel und auch als Suppe
hergestellt werden. Kartoffeln schmecken gut dazu. Übrigens kann
man die Hefe auch weglassen.

Stielmus andere Art

Die Stiele in leicht gesalzenem Wasser weichkochen, nach dem
Abtropfen fein schneiden und in eine Mehlschwitze geben, die mit
Fleischbrühe oder Milch aufgefüllt wird. Mit Salz und Muskatnuß
würzen.

Stielmus als Eintopf

Geräucherter Speck oder fettes Schweinefleisch eine Stunde vorkochen. Geschälte Kartoffelstücke und das vorher weich abgekochte und ausgedrückte Stielmus dazutun und alles langsam zusammen weichkochen und würzen. Das Fleisch in der Mitte einer Platte anrichten und das Gemüse darum legen.

Ackersenf à la Brokkoli

Die Blütenköpfe von Ackersenf (ohne jedes Blatt) 3 Minuten in Salzwasser kochen (nicht länger, sie werden sonst breiig), abtropfen lassen und mit Butter, feingehackter Zwiebel und etwas Essig abschmecken.

Brennesselgemüse

Die nur handlangen Triebe der Pflanze 10 Minuten in siedendem Wasser abkochen, ablaufen lassen, hacken und mit Butter und gewürfelten Zwiebeln dünsten. Mit Milch oder Fleischbrühe aufgießen; Milch mildert den herben Geschmack. Das Gemüse etwas andicken und mit Salz, etwas Pfeffer oder Muskatnuß und etwas Zucker würzen.
Man kann die Brennesseln auch mit Vogelmiere und Giersch mischen.

Brunnenkresse, gedünstet

Die Blätter von den Stielen streifen, grob hacken, in etwas Fleischbrühe dünsten und mit heller Mehlschwitze binden.

Brunnenkressegemüse

Die Blätter von den dicken Stielen pflücken, in kochendem Salzwasser kurz überbrühen, abschrecken, grob hacken und mit kräftiger Fleischbrühe weichkochen. Dem Gemüse einige Löffel voll in Butter geröstetem Semmelmehl oder einen Löffel voll in Butter gelb geschwitztem Mehl zusetzen und mit Muskatnuß und Salz würzen. Dazu Schmorkartöffelchen und Bratwurst. Wer den ziemlich strengen Geschmack der Brunnenkresse nicht liebt, kann sie mit Spinat oder Feldsalat zusammen kochen.

Brunnenkresse mit Ingwer

2 Eßlöffel Speiseöl in einer großen Bratpfanne erhitzen. Einen Eßlöffel geriebene frische Ingwerwurzel in das heiße Öl streuen. Ungefähr 2 Minuten kochen lassen und dann 1 Pfund gut gewaschene Brunnenkresse auf einmal zugeben. Das Gemüse unter Rühren 4 Minuten lang kochen, damit die Kresse weich wird und das Öl annimmt. Vom Feuer nehmen, in 2 Eßlöffeln Sojasoße schwenken und sofort servieren.

Distelgemüse

Junge Pflanzen von ihren Stacheln befreien, fein hacken, mit etwas Butter anschmoren und mit wenig Salzwasser oder Brühe weichkochen.

Gänseblümchengemüse

Die Pflänzchen von allen welken Teilen und Blütenstielen befreien, sauber waschen, in leicht gesalzenes, heißes Wasser geben und einige Minuten kochen. Abseihen (das Wasser aber nicht weggießen) und fein hacken. Für je 5 Eßlöffel Masse je einen Kaffeelöffel Butter, feingeschnittene Zwiebel und Mehl nehmen. Die Butter zergehen lassen, die Zwiebel dazutun und dann zugleich mit dem Mehl das Gänseblümchen-Gemüse. Ein wenig andämpfen lassen und langsam mit dem Kochwasser auffüllen. Mit zwei kleinen Blättchen Liebstöckel würzen (oder mit gekörnter Brühe). Die Menge genügt für eine Person.

Gänseblümchen-Sauerampfer-Gemüse

Je zur Hälfte Gänseblümchenblätter und Sauerampferblätter nehmen, gründlich waschen und zugedeckt in Butter weichdünsten, etwas Mehl darüberstäuben, mit Fleischbrühe aufgießen und einige Eßlöffel saure Sahne darangeben.

Gierschgemüse

Sauber gewaschene Gierschblätter einige Minuten in kochendes, schwach gesalzenes Wasser geben, herausnehmen und das Gemüse fein hacken. Fett mit einer kleingeschnittenen Zwiebel, etwas Mehl und dem Giersch etwas durchdünsten und unter ständigem Rühren die Hälfte, oder auch weniger, des Kochwassers zugießen. Ein paar Löffel Milch oder Sahne zugeben, mit Liebstöckel oder etwas gekörnter Brühe und Salz würzen.

Giersch-Brennessel-Gemüse

Etwa 2 Teile Giersch und 1 Teil Brennesselblätter sehr gut waschen. Besonders die Brennesseln, zwischen deren Härchen sich leicht feine Sandkörnchen festsetzen.
Das Gemüse in kochendem Wasser kurz aufwallen lassen, abseihen und hacken. Je nach Menge des Gemüses 1 bis 2 Kaffeetassen voll Wasser in einen Kochtopf schütten und mit einer großen, in kleine Würfel geschnittenen Zwiebel zum Kochen bringen. Das gehackte Gemüse und die nötige Menge Fett (dieses Wildgemüse erfordert etwas mehr Fett als Spinat) dazugeben, durchrühren und etwa 20 Minuten bei kleinem Feuer kochen. Salzen und nach Geschmack mit etwas Mehl binden.

Mit Giersch gefüllte Tomaten

Von den Tomaten den Deckel abschneiden, Mark und Saft herausheben und pürieren. Gekochten, fein zerkleinerten Giersch und das Fruchtfleisch der Tomaten mischen, ein oder zwei Eier dazugeben, würzen und die Tomaten mit der Mischung füllen. Den Deckel drauflegen und die Tomaten auf einem gut bestrichenen Kuchenblech oder in einer gefetteten Auflaufform eine halbe Stunde lang in den vorgeheizten Backofen stellen. Sehr gut mit Kartoffelbrei und als Zugabe zu Braten oder Wildgemüsebratlingen.

Hopfensprossen, holländisch

Die Sprossen in säuerlichem Salzwasser kochen, gut abtrocknen, mit leichter holländischer Soße und etwas Zitronensaft anmachen.

Hopfensprossen mit Morcheln

Die Sprossen in 3 cm lange Stücke schneiden, in säuerlichem Salzwasser weichkochen, gut abtropfen. Morcheln in Butter dünsten, zu den Hopfensprossen geben, pikant würzen. Eine helle Mehlschwitze bereiten, mit Fleischbrühe schön sämig rühren. Hopfensprossen und Morcheln darin kurz aufkochen.

Hopfensprossen bayerisch

Die Sprossen mehrmals waschen, in leicht mit Essig versetztem Salzwasser schön knackig kochen, abtropfen, mit Béchamelsoße und Butter anmachen und mit Salz, Pfeffer, Muskatnuß, einer Prise Zucker und reichlich gehackter Petersilie würzen.

Hopfensprossen Colbert

Die Sprossen in Salzwasser und etwas Zitronensaft kochen, abtropfen, mit Sahnesoße durchschwenken, auf gerösteten Weißbrotscheiben anrichten und mit je einem verlorenen Ei belegen.

Hopfenkeimgemüse

Junge und zarte Hopfenkeime abstechen, in 2 cm große Stückchen zerschneiden, waschen und in siedendem Salzwasser rasch weichkochen. In ein Sieb schütten und mit kaltem Wasser abschrecken. In einer holländischen Soße oder in einer nicht zu sämigen Béchamelsoße einmal aufkochen lassen. Schmeckt zu verlorenen Eiern, gekochtem Huhn oder Rindfleisch.

Huflattlich-Kartoffel-Eintopf

Huflattichblätter gründlich waschen, fein schneiden und mit rohen, in Würfel geschnittenen Kartoffeln in Salzwasser weichkochen. Feingewiegte Zwiebel in Mehl andünsten, mit dem Kochwasser aufgießen und das Gemüse hineingeben. Mit etwas Pfeffer und saurer Sahne abschmecken.

Huflattichgemüse

Junge, zarte Huflattichblätter von den Stielen befreien, gründlich waschen, zusammenrollen, in schmale Streifen schneiden und in etwas Salzwasser weichdünsten. Bohnenkraut oder Dill unzerkleinert zu einem Bündel zusammenbinden, kurz mitdünsten lassen und wieder herausnehmen. Das Gemüse in eine helle Mehlschwitze geben. Mit einem Schuß Weinessig schmeckt dieses Gemüse sehr würzig.

Mit Huflattich gefüllte Kohlrabi

Die Kohlrabi schälen, eine Scheibe als Deckel abschneiden und den Rest aushöhlen. Napf und Deckel in Salzwasser halb weich kochen. Füllung: Huflattichblätter in Salzwasser weichkochen, grob hacken und mit gekochten geriebenen Kartoffeln vermischen und salzen. Wenn die Füllung zu dünn ist, 1 Ei dazugeben. Die Kohlrabihöhlungen mit der Huflattich-Kartoffel-Masse füllen und den Deckel fest darauf binden. In dem Kohlrabiwasser garkochen. Die ausgehöhlten Kohlrabistücke weichkochen, pürieren und für die Soße verwenden, die man aus dem Kohlrabiwasser, Milch, Mehl und Gewürz, z. B. Muskat, herstellt. Man kann die Soße mit einem Ei abziehen, darf sie dann aber nicht mehr kochen.

Gemüse von Isländisch Moos

Die heißdurchfeuchtete Moosflechte eine Stunde im Siebeinsatz überkochen. Dann in wenig kochendem Wasser nochmals 5 Minuten aufquellen und abtropfen lassen. Die abgeflossene, sulzige Flüssigkeit nochmals aufkochen, abschäumen, einer hellen dicken Buttersoße zusetzen und über das Flechtengemüse gießen. Alles gut salzen und noch ungefähr eine halbe Stunde kochen. Das Gemüse wird noch schmackhafter, wenn man Fleischbrühe, Weißwein und etwas Zitronensaft zugibt.
(Entbittern des Mooses siehe Seite 146).

Gekochte Kletten

Die bittere, dicke Rinde von den Klettenstengeln abschälen und das Mark in fingerlange Stücke schneiden. 30 Minuten in Wasser kochen, dem eine Prise Natron zugefügt wurde. Das Wasser abschütten und das Gemüse noch einmal kurz in wenig Fleischbrühe oder Wasser kochen, mit Pfeffer, Salz und frischer Butter würzen. Wer mag, kann auch noch etwas Mehl überstäuben. Ebenso kann man auch das Mark der Wurzel zubereiten.

Löwenzahngemüse

Die jüngsten und zartesten Blätter der Pflanze abpflücken, waschen, die harten Spitzen abschneiden und die Blätter fast eine halbe Stunde in Wasser kochen. Auf ein Sieb schütten, gut ausdrücken und fein hacken. In einen Topf schütten und mit Fleischbrühe, etwas Salz und einigen Löffeln geröstetem Semmelmehl eine Zeit lang dünsten lassen oder auch mit einem tüchtigen Stück Butter, etwas Pfeffer und Salz eine Weile dämpfen, einen Löffel Mehl darüber stäuben, einige Löffel Fleischbrühe angießen und das Gemüse damit noch eine Viertelstunde durchkochen. Dann ganz wie Spinat mit gerösteten Kartöffelchen, Koteletts oder Bratwürstchen servieren.

Löwenzahn-Sauerampfer-Gemüse

Von einer gleich großen Menge Löwenzahn und Sauerampfer zuerst den Löwenzahn in Wasser beinahe weich kochen, dann den Sauerampfer zugeben. Wenn beide Gemüse weich sind, ein Stück Butter unterrühren, pfeffern und salzen und noch einmal aufkochen. Mit hartgekochten oder verlorenen Eiern oder gerösteten Semmelschnittchen zu Kalbsschnitzel servieren.

Löwenzahnblütengemüse

Ein delikates Gemüse, das fast wie Rosenkohl schmeckt, sind die Ansätze der Blüten, die sich inmitten der schützenden Blattrosette gebildet haben. Man läßt diese gelbliche, fest zusammengerollte Masse ungefähr 3 Minuten kochen und schmeckt sie mit Butter und Salz ab.

Löwenzahnpüree

Junge Blätter überbrühen, gut abtropfen, hacken, in Fleischbrühe dünsten, mit heller Mehlschwitze binden, mit Salz und Pfeffer würzen. Dazu heiße Sahne.

Gedämpfte Pastinaken auf englische Art

Einige schöne Pastinakenwurzeln waschen, schaben, in Stücke schneiden, weichkochen und in runde Scheiben oder längliche Streifen zerschneiden. Aus einigen Löffeln kräftiger heller Fleischbrühe, die man mit einer weißen Mehlschwitze verdickt und mit einer Tasse Sahne verkocht hat, eine dickliche, weiße Soße zubereiten, die man mit Salz, weißem Pfeffer und einer Messerspitze Muskatnuß würzt. Die Pastinaken darin noch 5 bis 6 Minuten dämpfen, bevor man sie anrichtet.

Gedämpfte Pastinaken auf russische Art

Gewaschene und geschälte Pastinaken in runde Scheiben von $\frac{1}{2}$ cm schneiden und mit sehr wenig Wasser, etwas Salz und reichlich Butter weichdünsten. Mit ganz wenig Mehl andicken. Wenn sie weich sind, den Saft einer Zitrone darüberpressen. Das Gemüse schmeckt gut zu Frikadellen oder Koteletts.

Pastinakenpüree auf englische Art

Die Wurzeln in Stücke schneiden, in Salzwasser oder Fleischbrühe sehr weich kochen, abtropfen, pürieren, mit Salz, Pfeffer und Muskatnuß würzen und mit Butter vollenden. — Köstliche Beilage zu gebratenem oder gegrilltem Fleisch.

Pastinaken mit Möhren

Auf 10 bis 12 nicht allzu große Möhren rechnet man ungefähr 4—5 Pastinaken. Das Gemüse sehr sauber waschen und putzen, in runde Scheiben schneiden, die man in Rinds- oder Hammelfleischbrühe weichkocht. Die Brühe mit einer hellen Mehlschwitze verdicken und mit einer Prise Salz und gehackter Petersilie würzen. Paßt gut zu gekochtem Rind- oder Hammelfleisch.

Portulakgemüse

Semmelmehl oder geriebenes Weißbrot in Butter gelb rösten. Die gewaschenen Blätter des Portulaks darin durchschwitzen, mit soviel Bouillon oder Wasser wie nötig ablöschen und mit etwas saurer Sahne oder einem Eidotter abrühren. Man kann Portulak auch ganz wie Spinat zubereiten.

Portulak auf französische Art

Eine Schüssel voll Portulakblätter waschen, mit siedendem Salzwasser kurz überbrühen und abtropfen lassen. Mit heißem Olivenöl oder Butter, etwas Petersilie, einem kleinen Stückchen feingehackten Knoblauch, Pfeffer, Salz und Muskatnuß einige Minuten durchschwitzen. In Fleischbrühe oder in heißer Milch geweichtes geriebenes Weißbrot und etwas Fleischbrühe zugeben, das Gemüse eine Viertelstunde darin kochen lassen und mit 2—3 Eidottern legieren. In eine feuerfeste Form geben, geriebenen Parmesankäse und geriebenes Weißbrot darüberstreuen, mit Butterstückchen besetzen und im Ofen von oben goldgelb überbacken oder gratinieren.

Portulak in Sahne

Junge Portulakblätter in wenig Wasser dünsten, pürieren, leicht salzen, mit Sahne binden.

Portulak auf holländische Art

Die Spitzen der Zweige vor der Blütezeit abpflücken, waschen, in siedendem Salzwasser blanchieren und gut ablaufen lassen. Mit Butter, Salz und Pfeffer weichdünsten, mit einer Prise Mehl und etlichen Eidottern binden und das Gemüse mit gerösteten Weißbrotschnittchen servieren.

Sauerampfergemüse

Sauerampfer waschen, in heißem Wasser schnell abbrühen, abschrecken und im Sieb abtropfen lassen. Nach Belieben grob oder fein hacken. 30 g geriebenes Semmelmehl in Butter hellgelb rösten, den

Sauerampfer zugeben. Mit Salz, Muskatnuß und einer Prise Zucker abschmecken und das Gemüse unter Zugabe von $\frac{1}{8}$ l Milch gardämpfen.

Sauerampfer überbacken

Sauerampferblätter gründlich waschen und mit einem Stück Butter im Topf dünsten. Dabei von Zeit zu Zeit umrühren. Eine helle Mehlschwitze zubereiten, nach und nach abwechselnd den Sauerampfer und etwas Fleischbrühe zufügen und reichlich würzen. Ein paar Eier in das ziemlich flüssige Püree einrühren, es in eine feuerfeste Form füllen, mit gebuttertem Papier bedecken und ungefähr eine Stunde im Ofen backen. Mit ein paar Stückchen Butter anrichten.

Sauerampferpüree

Sauerampfer waschen, mit einer Prise Salz und einigen Tropfen Wasser gar dünsten, durch ein Sieb streichen, das Püree mit Mehlschwitze oder Sahne binden.

Sauerampfer mit verlorenen oder hart gekochten Eiern

Den Sauerampfer sauber waschen und ihn im eigenen Saft mit einem Stück Butter dünsten. Mit verlorenen oder hart gekochten Eiern garnieren. Man kann auch das hartgekochte Eigelb fein hacken und unter das Gemüse mischen.

Sauerampfercreme

Den Sauerampfer von den Stielen streifen, waschen und in siedendes, schwach gesalzenes Wasser geben. 10 Minuten kochen lassen, abgießen und abschrecken und auf einem Sieb abtropfen lassen. 30 g geriebene Semmel in 90 g heißer Butter gelb rösten. Den gehackten Sauerampfer kurze Zeit darin dünsten. Etwas saure Sahne zugießen und das Gemüse unter ständigem Umrühren einige Minuten darin dünsten lassen, salzen und mit ein bis zwei, in süßer Sahne zerquirlten Eidottern legieren. Dazu schmecken Lamm-Koteletten, gedämpftes oder gebratenes Lammfleisch, verlorene Eier und gebratene Kalbsmilch.

Gedämpfter Sauerampfer mit Kopfsalat

Frischen Sauerampfer verlesen und waschen und $\frac{1}{2}$ bis $\frac{3}{4}$ Liter kochendes gesalzenes Wasser darübergießen. Etwas Kerbel und die Blätter von einem Kopfsalat zugeben und alles rasch weichkochen lassen. Das Wasser abgießen und das Gemüse wieder in den Topf geben, mit etwas Mehl, weißem Pfeffer und 70 g Butter zum Kochen bringen. Mit 2 Eidottern legieren und mit hartgekochten, gevierteilten Eiern anrichten.

Hirtentäschel-Sauerampfer-Gemüse

1 Teil Hirtentäschel und 1 Teil Sauerampfer zusammen mit wenig Fett zugedeckt weichdünsten, mit etwas Mehl bestäuben, mit Fleischbrühe aufgießen und saure Sahne und eine zerdrückte gekochte Kartoffel zugeben.

Sauerampfer mit Spinat

Gleiche Teile Spinat und Sauerampfer verlesen, gut waschen und jedes Gemüse extra in siedendem, schwach gesalzenem Wasser abkochen, abschrecken, abgießen und fein hacken. Das Gemüse dann vermischen. Einen Eßlöffel Mehl in reichlich Butter gelb schwitzen, das Gemüse darin andünsten. Einige Löffel Semmelmehl durchrühren, etwas Fleischbrühe zugießen, mit Salz und Muskatnuß würzen und das Gemüse auf kleiner Flamme noch eine Viertelstunde garen lassen.

Schmeckt gut zu verlorenen Eiern, Zunge, Koteletts, Schinken, Bratwürstchen usw.

Taubnesselgemüse

Blätter und Blüten ohne Stengel waschen und fein hacken. Feingeschnittene Zwiebeln in Fett etwas anrösten, die gehackten Blätter hineingeben und das Gemüse noch drei bis vier Minuten auf schwachem Feuer durchdämpfen. Mit etwas Mehl andicken, mit Wasser oder Fleischbrühe aufgießen, durchkochen lassen und salzen.

Wegwartengemüse

Wegwartenblätter eine halbe Stunde in Salzwasser kochen, abschrekken, abseihen und fein hacken. In eine mit Butter gemachte, helle Mehlschwitze geben, mit Pfeffer und feingehackten Zwiebeln würzen und mit einem Teil des Sudwassers und Milch aufgießen.

Wegwarte mit Sahne

Die Wegwarten-Blätter putzen und waschen und in siedendem, gesalzenem Wasser eine halbe Stunde lang kochen lassen. Abschrecken, ausdrücken und in nudelartige Streifen schneiden. Reichlich Butter mit Mehl bräunen und das Gemüse unter Umrühren einige Minuten darin durchschwitzen lassen. Starke Fleischbrühe zugießen, mit Salz, Pfeffer und geriebener Muskatnuß würzen. Das Gemüse eine halbe Stunde kochen lassen und kurz vor dem Servieren einen Löffel Sahne unterrühren.

Weidenröschengemüse

Weidenröschen, Vogelmiere und Melde gründlich waschen und in kochendes Salzwasser geben. Sobald die Blätter weich sind, abseihen, ausdrücken und fein hacken. In eine helle Mehlschwitze geben, mit einem Teil des Sudwassers und Milch auffüllen und das Gemüse noch etwas kochen lassen.

Soßen

Gänseblümchensoße

Feingewiegte Gänseblümchen in eine helle Mehlschwitze mit etwas kleingeschnittenen Zwiebeln geben und mit Milch aufgießen. Mit Schnittlauch und Zitronensaft würzen.

Sauerampfersoße mit Muskat

Einige Handvoll frische Sauerampferblätter verlesen, waschen, fein hacken und mit ein wenig Schnittlauch oder gehackter Zwiebel und Butter in einem zugedeckten Topf weichdünsten. Fleischbrühe auffüllen, mit wenig Muskat und Salz würzen. Die Soße etwas andicken und zu gebratenem Kalb- oder Lammfleisch servieren.

Sauerampfersoße mit saurer Sahne

Ein Teller voll feingewiegtem Sauerampfer in etwas in Butter angebräuntem Mehl dünsten. Heißes Wasser zugießen, salzen, nochmals aufkochen lassen und saure Sahne unterrühren.

Sauerampfersoße mit Ei

Sauerampfer mit Butter einige Minuten dünsten, durchpassieren und in eine helle Mehlschwitze geben. 2 in Milch verquirlte Eigelb kräftig unterrühren. Mit Salz, Pfeffer und 1 Prise Zucker würzen.

Sauerampfersoße mit Schlagsahne

Feingehackte Sauerampferblätter in Butter weichdünsten. Eine weiße Mehlschwitze bereiten, mit Kalbsfond auffüllen und gut durchkochen. Das Sauerampferpüree zufügen, mit etwas Salz und Zucker würzen und Schlagsahne darunterziehen. — Zu gebratenem oder gedünstetem Fisch, zu gekochtem Schinken oder Eiern.

Spitzwegerichsoße

Feingewiegte Spitzwegerichblätter mit Butter, Mehl und etwas Salz leicht andünsten, langsam Wasser zugießen und die Soße gut durchkochen. Mit Kerbel oder Dill würzen.

Wegerichsoße

Pro Person 4 bis 5 Wegerichblätter in Salzwasser weichkochen, abseihen und fein hacken. Mit einer kleingeschnittenen Zwiebel in Fett andünsten, mit einem Teil des Kochwassers und Fleischbrühe aufgießen und mit Salz, Majoran, Petersilie und Schnittlauch würzen.

Wiesenschaumkrautsoße

Seines duftigen Geschmacks wegen eignet sich das Wiesenschaumkraut gut für Soßen. Feingewiegte Stengel mit den jungen Blütenständen in braune oder weiße Mehlschwitze rühren, mit Wasser oder Fleischbrühe auffüllen, salzen und pfeffern. Gibt man die Soße zu Fischgerichten, nimmt man das schwach angesäuerte Fischwasser zum Aufgießen.

SÜSSE SOSSEN

Süße Hagebuttensoße

Hagebutten etwa 3 Stunden in lauwarmem Wasser weichen, das Wasser bis auf einen Rest abgießen, Zucker und etwas Zitronenschale zugeben, weich kochen, passieren, die Soße mit Stärkemehl binden, mit Weißwein aromatisieren. Warm zu Reispudding.

Süße Soße aus Huflattichblüten

Die blühenden Stengel des Huflattichs fein zerkleinern, mit Zucker bestreuen und mehrere Stunden in Wein legen. 1 Eßlöffel Grieß in $\frac{1}{2}$ l heißem Wasser anrühren, etwas Zitronensaft zufügen. Den Wein mit dem Huflattich langsam unterrühren und die Soße kalt stellen. Wird zu süßen Aufläufen und Puddings gegeben.

Kornelkirschensoße

$\frac{1}{2}$ kg Kornelkirschen mit $\frac{3}{4}$ l Wasser, einem Glas Rotwein, einem Stückchen Butter, etwas Koriander und einigen Stücken Zimt langsam eine Stunde lang kochen und dann durch ein Sieb streichen. Ein halbes Glas Rotwein, 360 g Zucker und die abgeriebene Schale einer Zitrone dazugeben. Die Soße mit einem Kaffeelöffel voll Arrowroot oder Kartoffelmehl sämig machen. *(Bitte beachten: Die wilde Kornelkirsche steht unter Naturschutz.)*

Süße Taubnesselsoße

Für 1 Person ⅛ Liter Wasser mit 4 Stück Zucker in einen Topf geben und das Zuckerwasser unter Abschäumen tüchtig durchkochen. Von zwei bis drei Taubnesseln mit möglichst vielen Blüten den groben Stiel entfernen, schnell waschen (nicht wässern) und hacken. Mit der abgeriebenen Schale von ¼ Zitrone in den geläutertern Zucker geben und die Soße gut durchkochen. Einen Kaffeelöffel Mehl mit Milch abrühren (so, daß sie flüssig bleibt), langsam in die Soße, die man dazu vom Feuer wegnimmt, geben und die Soße dann bis zur gewünschten Dicke einkochen.

Pfannengerichte — Aufläufe — Klöße

Kräutereierkuchen

Aus etwa 80 g Mehl, zwei Eiern, ¼ l Milch und ⅛ l Wasser und Salz einen Teig anrühren und mit reichlich feingehackten, rohen Kräutern mischen: z. B. Petersilie, Kerbel, Schnittlauch, Basilikum, Gundermann, Wiesenschaumkraut, Bachbunge. Portionsweise in heißem Fett zu flachen Eierkuchen backen.

Wildspinat in Eierkuchen

Pro Person 1 Eigelb mit 1 Eßlöffel Mehl und der doppelten Menge Milch zu einem Teig rühren, salzen und das geschlagene Eiweiß untermischen. Das gewaschene, gehackte Wildgemüse (Seite 156) mit Speck oder Butter dünsten und dann in den vorbereiteten Teig rühren und Eierkuchen daraus backen. Man kann aber von dem Eierkuchenteig auch dünne Platten backen, die dann mit dem geschmorten Gemüse bestrichen und zusammengerollt werden.

Gebackene Brennesselblätter als Suppeneinlage

Schon größere, aber noch junge Brennesselblätter auf ein Fleischbrett legen, leicht klopfen, auf beiden Seiten mit Salz bestreuen und Saft ziehen lassen. Einen Eierkuchenteig anrühren, die Blätter einzeln hineintauchen und in der Pfanne oder im Fritiergerät goldgelb backen.

Man kann die Blätter auch grob hacken und mit dem Teig vermischen. Dann bäckt man dünne Pfannkuchen daraus, rollt sie und schneidet sie in feine Nudeln, die man in die kochende Suppe gibt.

Brennesseleierkuchen

Aus Mehl, Eiern und Milch einen normalen Eierkuchenteig zubereiten, nach Geschmack würzen und dick gekochten Brennesselbrei untermischen. In der Pfanne ausbacken.

Holunderblütenomeletten

Einen Omelettenteig aus folgenden Zutaten bereiten: 125 g Mehl, 3 Eier, 1 Prise Salz, 1 Eßlöffel flüssige Butter, 1 Eßlöffel Bier, 2 Eßlöffel Milch. Den Teig glatt rühren. 20—25 voll erblühte Holunderdolden in den Teig tauchen und in einer Pfanne mit reichlich heißem Fett, mit der Blütenseite nach unten, backen. Den noch herausragenden Stiel abschneiden und die Holunderdolde auch auf der zweiten Seite schön goldgelb backen. Mit Zucker bestreuen und warm servieren.

Beinwell ausgebacken

Blätter vom Beinwell in einen Eierkuchenteig tauchen, dem etwas Hefe zugesetzt ist, und in Fett schwimmend ausbacken. Die Blätter dürfen vorher nicht gewaschen werden. Deshalb sollte man nur frischgepflückte, saubere Blätter nehmen.

Pastinaken in Ausbackteig

Vier bis fünf große Pastinakenwurzeln in Salzwasser weich kochen, auf einem Sieb abtropfen lassen und in ziemlich dicke, runde oder lange Stücke schneiden. Dann einen Ausbackteig anrühren, die Stücke hineintauchen und in siedendem Schmalz oder heißem Speck hellbraun backen. Gut zu gebratener Hammelkeule, Kalbskeule oder Geflügel.

Hopfensprossen gebacken

Die Sprossen mit siedendem Wasser überbrühen, mit Salz und Zitronensaft marinieren, abtrocknen, durch Backteig ziehen und in Fett schwimmend abbacken.

Brennesselauflauf

Brennesselblätter in Salzwasser weich kochen lassen, abseihen und hacken. Pro Person eine Semmel kleinschneiden, Fett daraufgeben und sie mit kochendem Wasser oder Milch übergießen. Die Semmeln zugedeckt weichdämpfen lassen, mit sehr fein geschnittenen Zwiebeln, Liebstöckel, Salz, nach Geschmack auch Dill, würzen. Das Brennesselgemüse dazugeben und mit einem Ei legieren.
Die Masse in eine flache, gut eingefettete Auflaufform füllen und eine halbe Stunde im heißen Ofen backen.

Brennesselauflauf mit Fleisch

Brennesseln wie im vorhergehenden Rezept zubereiten, aber dann Fleischreste, Überbleibsel vom Braten oder auch geräucherten Speck, unter das Gemüse mischen. Den Boden der gut eingefetteten Form mit Schinkenwürfeln belegen.

Pastinakenauflauf

4—5 große Pastinaken waschen und schaben und in Salzwasser weich kochen und pürieren. Die Masse mit 4—5 zerquirlten Eiern, 2 Löffeln Rum oder Cognac und ein wenig gestoßenem Muskat vermischen, in eine gebutterte feuerfeste Form schütten und dick geriebene Semmel darüberstreuen, auf die man Butterflöckchen legt. Der Auflauf wird bei mäßiger Hitze eineinhalb Stunden im Ofen gebacken und mit Rumsoße serviert.

Portulak auf französische Art

Eine Schüssel abgepflückter Portulakblätter waschen, in siedendem Salzwasser ein paarmal aufkochen und abtropfen lassen. In einem Topf Olivenöl oder Butter heißmachen und das Gemüse darin mit etwas Petersilie, einem kleinen Stück feingehacktem Knoblauch,

Pfeffer, Salz und Muskatnuß einige Minuten durchschmoren. Geriebenes Weißbrot in Fleischbrühe oder heißer Milch einweichen, zu dem Gemüse geben, noch etwas Fleischbrühe dazugießen und das Ganze etwa eine Viertelstunde kochen lassen. Mit zwei bis drei Eidottern legieren. Das Gemüse dann in eine feuerfeste eingefettete Form schütten, mit geriebenem Parmesankäse und geriebenem Weißbrot bestreuen, Butterflöckchen daraufsetzen und im Ofen von oben goldgelb überbacken oder gratinieren.

Portulak überbacken

Junge Portulakblätter und -stengel mit siedendem Wasser überbrühen, grob hacken, mit gehackter Petersilie, Salz, Pfeffer, Muskatnuß und etwas Knoblauch in Öl dünsten, mit Eigelb und eingeweichtem Weißbrot vermischen, in eine gefettete Backschüssel füllen, mit geriebenem Parmesan bestreuen, mit Butter beträufeln und im Ofen überbacken.

Wiesenbocksbartauflauf

Die Stengel des Wiesenbocksbarts von den Blättern befreien und — zu mehreren kleinen Bündeln zusammengebunden — in Salzwasser weichkochen.
In eine mit Fett ausgestrichene Auflaufform geben, ein Eidotter mit Sahne verquirlen und darübergießen, Semmelbrösel daraufstreuen und den Auflauf bei mäßiger Hitze backen.
Oder: Auf einem Teller ausbreiten und mit in Fett gerösteten Semmelbröseln bestreuen.

Süßer Hagebuttenauflauf

Weißbrot entrinden, in dünne Scheiben schneiden und in Butter gelb backen. Die Scheiben mit Hagebuttenmarmelade bestreichen, je zwei und zwei übereinanderdecken und sie auf den Boden einer tiefen Schüssel oder Form legen. Die Masse mit entsprechend Rotwein übergießen, den man zuvor mit Zucker und Zimt aufgekocht hat. Dann Hagebutten-Marmelade mit Puderzucker und dem festen Schnee von mehreren Eiweiß verrühren, diese Masse über die gefüllten Semmelschnitten geben und den Auflauf langsam bei gelinder Hitze backen. Heiß servieren.

Brennesselfrikadellen

Brennesselblätter zu einem dicken Brei kochen und wie Frikadellen mit Eiern, Milch, ausgequollenen Haferflocken oder Mehl vermischen, bis die Masse sich formen läßt. Nach Geschmack würzen. In Fett auf beiden Seiten backen und mit ausgebackenen Margaritenblüten garnieren.

Pastinakenpuffer

Einige Pastinaken in Salzwasser weichkochen, auf einem Sieb ablaufen lassen und pürieren. Die Masse mit einem oder mehreren Eiern vermischen und mit soviel Mehl, daß sie sich formen läßt, vermengen. Flache Puffer daraus formen, die man in Schmalz oder heißem Speck auf beiden Seiten braun bäckt.

Wildspinatfrikadellen

Am besten schmecken diese Frikadellen aus einer Mischung von Melde, Scharbockskraut, Beinwell und Knopfkraut. Aber auch andere Kräutermischungen — 10 bis 20 verschiedene Arten — können ausprobiert werden. Das gewaschene Wildgemüse fein hacken und kurz dünsten. Die gleiche Menge geriebene gekochte Kartoffeln (oder auch Kartoffelpüree aus der Tüte), etwas Mehl oder gequollene Haferflocken, die entsprechende Menge Eier und Salz dazugeben und die Masse tüchtig durchkneten. Frikadellen daraus formen, die man auf beiden Seiten braun bäckt.

Brennesselklößchen

Einen Teelöffel Butter mit Semmelbröseln verrühren und pro Person ein halbes Ei dazugeben. Feingewiegte rohe Brennesselblätter unter den Teig mischen, mit Salz, Bohnenkraut und Basilikum würzen. Aus der Masse kleine Klöße formen, die in Salzwasser oder gleich in der Suppe gekocht werden. Gut als Suppeneinlage.

Isländisch-Moos-Klößchen (Probe)

8 g Flechtenmehl (Seite 147) mit $\frac{1}{4}$ Liter Wasser im offenen Topf $\frac{1}{2}$ Stunde dick einkochen. Dann 5 g Butter schaumig rühren und mit 8 g Brotmehl, dem nötigen Salz und $\frac{1}{2}$ Ei unter den Flechtenbrei

rühren. Die Masse 2 Stunden kalt stellen, bis sie fest ist. Kleine runde Klößchen daraus formen, die in Salzwasser etwa 10 Minuten ziehen sollen. Sollte der Teig zu weich sein und beim Kochen zerfallen, was sich beim Kochen eines Probeklößchens ergibt, so muß man noch etwas Brotmehl beimengen.

Isländisch-Moos-Klößchen mit Wurst (Probe)

10 g Flechtenmehl (Seite 147) in $\frac{1}{4}$ l Wasser dick einkochen, salzen und mit etwas in Wasser eingeweichtem Weißbrot (feucht gewogen 20 g) vermengen. Dazu feingehackte Dauerwurst, $\frac{1}{2}$ Eigelb und soviel Mehl geben, wie nötig ist, die Klößchen beim Kochen zusammenzuhalten. Mit dem Löffel Klöße in kochendes Salzwasser geben und etwa 10 Minuten ziehen lassen.

Die beiden vorhergehenden Rezepte geben nur die Menge für kleine Kochproben an. Für eine Mahlzeit muß die Menge entsprechend vergrößert werden.

Wildspinatklöße

Die Klöße schmecken besonders gut, wenn man außer Melde, Scharbockskraut, Beinwell und Knopfkraut auch Sauerampfer dazu verwendet. Gleiche Gewichtsteile Wildgemüse, Haferflocken und einen Apfel hacken, mit Butter und Salz vermischen und auf dem Herd unter ständigem Rühren ausquellen. Dann für jede Person ein Eigelb unter die Masse rühren, das Eiweiß zu Schnee schlagen und auch dazugeben. Der Teig muß so fest sein, daß er sich mit dem Löffel abstechen läßt. Dann die Klöße abstechen und in Salzwasser garkochen. Sie werden mit einer pikanten Zwiebelsoße angerichtet oder in die Suppe gegeben.

Wiesenschaumkraut-Kartoffel-Klöße

Zwei Teller in der Schale gekochte, gestampfte Kartoffeln und ein Teller feingewiegte Wiesenschaumkrautstengel mit den Blütenständen gut miteinander vermengen, salzen und soviel Mehl zufügen, bis der Teig sich gut formen läßt. Die Klöße in Salzwasser garkochen oder in Fett ausbacken. Eine holländische oder Béchamelsoße schmeckt besonders gut dazu.

Sauerampferpudding

Die gewaschenen Blätter von den Stielen streifen, ein paarmal durch-schneiden und in Butter weich dünsten. Leicht mit Mehl andicken, mit Brühe aufgießen und Salz, Milch oder Sahne oder ein verquirltes Ei dazugeben. Das Gemüse mit geschnittenen, eingeweichten Semmeln, Eiern, Butter, Salz und Pfeffer zu einem dicken Brei verrühren und in einer mit Butter ausgestrichenen, geschlossenen Form $\frac{1}{2}$ Stunde im Wasserbad kochen.

Wildsalate

Bohnensalat mit Veilchen

Spanische Bohnen kochen, abtropfen und mit Öl, Zitronensaft und ein wenig Orangensaft abschmecken. Frische Veilchenblüten darüber streuen.

Borretschsalat

Die jungen zarten Blätter eignen sich besonders im Frühjahr gut zu Salat. Die Blätter nudelig schneiden und mit einer Salatsoße aus Salz, Öl und Essig vermischen. — Noch besser schmeckt der Salat, wenn man die Borretschblätter erst mit 2 bis 3 hartgekochten, grobge-hackten Eiern vermengt und dann erst mit Salatsoße anmacht.

Brunnenkressesalat mit Eiern

Alle dicken Stiele aus der Kresse herauslesen und die Blätter anschlie-ßend gut waschen und auf einem Sieb ablaufen lassen. Mit einer Soße aus den zerriebenen Dottern von 2—3 hartgekochten Eiern, einigen Löffeln Provenceöl, 2—3 Eßlöffeln Weinessig, etwas Salz und Pfeffer gut vermischen. Den Salat mit hartgekochten geviertelten Eiern garnieren.

Brunnenkressesalat mit Senf

Aus 2—3 Eßlöffeln Öl, 1—2 Eßlöffeln Essig, 1 Teelöffel Senf, etwas

Salz und Zucker eine Salatsoße machen. Erst kurz vor dem Auftragen 150 g gewaschene Kresse daruntergeben.

Brunnenkressesalat mit Kohl

1 Tasse Kohl, 1 Tasse geputzte, gewaschene Brunnenkresse und 1 kleine Zwiebel fein schneiden. Kurz vor dem Servieren 2 Teile saure Sahne, vermischt mit 1 Teil Zitronensaft und etwas Salz darüber geben.

Eselsdistel-Artischocke

Die Blütenböden der Eselsdistel eine gute halbe Stunde lang in wenig Salzwasser kochen und mit Olivenöl und Zitronensaft, einer zarten, leicht gewürzten Mayonnaise oder einer anderen pikanten Soße servieren.

Gänseblümchen-Löwenzahn-Salat

Gänseblümchenblätter und zarte junge Löwenzahnblätter mit einer Salatsoße aus Öl, Zitronensaft, wenig Salz und Pfeffer vermischen. Kleingeschnittenen mageren geräucherten Speck mit wenig Öl oder Butter kroß braten und kurz vor dem Servieren heiß über den Salat geben.

Hagebuttensalat

375 g getrocknete Hagebutten waschen und wässern. Dann in reichlich $\frac{1}{4}$ l Wasser in einem zugedeckten Topf sehr langsam weichquellen lassen. Anschließend schüttet man sie in eine Glasschale, bestreut sie mit Zucker und Zimt, schmeckt mit Zitronensaft ab und gibt sie zu Wildbraten.

Hopfenkeimsalat

Die jungen Sprossen in Stücke brechen und in Salzwasser weichkochen. Auf einem Sieb abschrecken und abtropfen lassen. Mit Salz, Pfeffer, Öl und Essig oder einer fertigen Salatsoße anmachen.

Hopfensprossensalat

Hopfensprossen in Salzwasser gar kochen, auskühlen lassen und mit gut gewürzter Mayonnaise binden. — Oder die Hopfensprossen mit Essig, Öl, Pfeffer, Salz, Schnittlauch und durchgestrichenem hartgekochten Eigelb anmachen.

Warmer Hopfenkeimsalat

Die Sprossen in Salzwasser halb weich kochen und anschließend kalt abschrecken. In einem Topf mit Butter, Salz, Pfeffer und einigen Löffeln Essig weich kochen. Den Salat zuletzt mit 2 Eidottern abquirlen.

Isländisch-Moos-Salat

Die vorher in heißem Wasser angefeuchtete Flechte im Dampftopf eine Stunde lang kochen, anschließend in wenig Wasser 5 Minuten kochend ausquellen und nach dem Erkalten auf einem Sieb abtropfen lassen. Dann salzt man die Blattmassen reichlich und macht sie mit Öl, Essig, Senf, Zucker, Wildkräutern oder Zitronensaft an. Dieser Salat ist sehr nahrhaft, da er fast die gesamte Menge der in der Flechte befindlichen Stärke enthält. Gleichzeitig läßt sich aus derselben Flechtenportion neben dem Flechtensalat auch noch eine Flechtensulz gewinnen. In diesem Fall läßt man die Flechten in wenig Wasser (auf etwa 20 g ½ Liter) ½ Stunde kochen und preßt sie dann noch heiß durch ein Seihtuch. Der erkaltete Preßrückstand wird dann als Salat in der oben angegebenen Weise angemacht. Die abgepreßte und abgegossene gallertartige Flüssigkeit wird zur Herstellung einer Süßspeise oder zum Sämigmachen von Soßen und Suppen benutzt.
Man kann den Salat auch mit Mayonnaise anmachen. Entbittern siehe Seite 146.

Kräutersalat

Die jungen Blätter und Triebe von Pimpernell, Gartenkresse, Sauerampfer, Melisse, Pfefferkraut und Estragon gut verlesen, waschen und mit reichlich Öl, gutem Weinessig, Salz und Pfeffer übergießen. »Vom Pflücken bis zum Aufdentischstellen dürfen höchstens drei Vaterunser gebetet werden.«

Klettenstengelsalat

Die äußere Haut der jungen Klettenstengel abschaben und die Stengel in kleine Stücke schneiden und in Salzwasser garkochen. Den Salat mit Essig, Öl, Pfeffer und Salz anmachen. Er sollte vor dem Essen einige Zeit durchziehen.

Löwenzahnsalat mit Kräutern

Eine Salatsoße aus Öl, Weinessig oder Zitronensaft und Salz anmachen. Dazu feingeschnittene Küchenkräuter wie z. B. Petersilie, Zwiebel, Schnittlauch und, je nach Menge, feingemahlene Würzkräuter: Quendel (wilder Thymian), Gundelrebe (sehr wenig), Majoran, Basilikum, Pimpinelle. Je nach Geschmack lassen sich auch andere Würzkräuter verwenden: Kümmel, Anis, Koriander, Kerbel, Borretsch, Liebstöckel, Bohnenkraut, Lavendel, Rosmarin, Salbei. Dazu vielleicht noch eine zerdrückte gekochte Kartoffel geben. Die wie Endivien feingeschnittenen, zarten Löwenzahnblätter in die Marinade geben, gut durchmischen und eine Stunde oder länger durchziehen lassen.

Löwenzahnsalat mit zerlassener Butter

Die jungen Löwenzahnblätter waschen, fein schneiden und in einer Soße von Salz, Pfeffer und zerlassener Butter etwa 30 Minuten ziehen und wieder erkalten lassen. Mit Essig oder Zitronensaft abschmecken.

Löwenzahnsalat einfach

Den Boden einer Schüssel mit einer Knoblauchzehe ausreiben. In dieser Schüssel aus 2—3 Eßlöffeln Öl, 1—2 Eßlöffeln Essig, 1 Teelöffel Senf, Salz und Zucker eine Salatsoße anmachen und 150 g gut gewaschene, zarte Löwenzahnblättchen darin marinieren.

Löwenzahnsalat nach Bauernart

Zarte Löwenzahnblättchen in eine erwärmte, mit einer Knoblauchzehe ausgeriebene Schüssel legen und rasch mit rotem Weinessig, einer Prise Salz und wenig Pfeffer vermischen. Dann nicht zuviel kroß gebratene Speckwürfelchen darübergeben und sofort servieren. In Frankreich ißt man diesen Salat gerne mit Knoblauch-Croutons.

Löwenzahnkronensalat

Die Kronen kreuzweise fein schneiden, wenig Salz, eine Prise Zucker und 1 kleine, feingeschnittene Zwiebel zugeben. 2 oder 3 Scheiben kleingeschnittenen Frühstücksspeck knusprig braten, aus der Pfanne nehmen und in das heiße Fett 2 Eßlöffel Mostessig geben. Diese Soße nach dem Aufkochen über die geschnittenen Löwenzahnkronen schütten und untermischen. Den Salat mit Scheiben von hartgekochten Eiern garnieren und sofort servieren.

Löwenzahn-Käse-Salat

Junge Löwenzahnblättchen mit einer Salatsoße aus $\frac{1}{3}$ Essig, $\frac{2}{3}$ Olivenöl, Salz, Pfeffer, 1 Prise Zucker und 1 Teelöffel Senf vermischen und ein Stück Brot, an dem man eine Knoblauchzehe abgerieben hat, mit in die Salatschüssel geben. Dann mischt man schmale dünne Gruyère-Käsescheiben unter den Salat und läßt ihn etwas ziehen.

Pastinakensalat

Gut gewaschene Pastinakwurzeln in Wasser weich kochen, schälen, in runde, ziemlich dünne Scheiben schneiden und noch warm mit Pfeffer, Salz, reichlich Öl und etwas Essig anmachen. Ausgekühlt paßt der Salat gut zu Rinder-, Hammel- und Wildbraten.

Sauerampfersalat überbrüht

Die geputzten Sauerampferblätter überbrühen und mit kaltem Wasser abbrausen. Nach dem Abtropfen nicht zu fein hacken. Mit einer Marinade aus Öl, Essig oder Zitronensaft übergießen, mit Salz, Pfeffer, etwas Zucker würzen und gut durchziehen lassen.

Salat von Sauerampff

(aus: Caspar Schroeters allzeit fertiges Hauß-Verwalters rarem Kochbuch, Frankfurt 1712):

Pflückt den Sauerampff fein rein von den Stengeln ab / kocht ihn / und macht ihn fett mit Butter / thut etwas Zucker und Wein-Eßig drein / darnach zieret ihn mit Rosinen und Eyern.

Rapontikasalat (Nachtkerze)

Dieser leicht verdauliche Wintersalat schmeckt besonders gut zu Rinder- und Hammelbraten oder Wild. Die Wurzeln säubern und schaben, mehrmals waschen und in reichlich schwach gesalzenem Wasser weich kochen. Dann in dünne, schräge Scheiben schneiden und sie mit Öl, Essig, Salz und Pfeffer oder einer anderen Salatsoße anmachen. Garnieren kann man den Salat mit Feldsalat, mit Streifen von gewässerten und ausgewaschenen Sardellen oder mit Kartoffelsalat.

Portulaksalat

Die zarten, geputzten und gewaschenen Blätter mit einer Marinade aus 2 Eßlöffeln Öl, 1 Eßlöffel Weinessig, Salz, Pfeffer und ein wenig feingehackter Zwiebel anmachen.

Sauerampfersalat mit Spinat

Gleiche Teile Sauerampfer und Spinat waschen, in feine Streifen schneiden, etwas Schnittlauch beifügen und mit Sahne oder leicht geschlagenem Eigelb anmachen.

Wegwartesalat

Die geputzten Wegwarteblätter in Salzwasser eine reichliche Viertelstunde kochen, mit kaltem Wasser abschrecken und ablaufen lassen. Mit Salz, Pfeffer, Öl und Essig oder einer fertigen Salatsoße anmachen. Appetitlich sieht es aus, wenn man den Salat mit Scheiben von eingelegten roten Rüben umlegt.

Heringssalat mit Wiesenschaumkraut (ein Kriegsrezept)

Einige frisch gekochte Kartoffeln, 3 Heringe, 1 Apfel, 1 saure Gurke und eine Handvoll Wiesenschaumkraut fein schneiden. Mit einer Salatsoße aus Öl, Essig, etwas Brühe, Senf, Salz und Pfeffer gut vermischen und ziehen lassen. Man kann auch eine fertige Salatsoße dazu nehmen.

Hinweise für die Zubereitung
von Süßspeisen, Eis, Konfitüre und Saft

In den Kapiteln Süßspeisen, Konfitüre und Saft werden öfter Verarbeitungen von Zucker verlangt, die sicher nicht jedem Gelegenheitskoch geläufig sind. Deshalb folgende Erklärungen:

Zucker läutern oder klären: die im Rezept vorgeschriebene Menge von Zucker und Wasser auf das Feuer setzen, unter Umrühren langsam zum Kochen bringen und mit einem Schaumlöffel, den man immer wieder in heißes Wasser taucht, laufend abschäumen. Wenn sich kein Schaum mehr bildet, ist der Sirup fertig und kann wie angegeben verwendet werden.

Breitlauf: damit ist der nächste Kochgrad nach dem Läutern gemeint; der Sirup fällt dann in breiten Flocken oder Tropfen vom Schaumlöffel.

Faden: Zustand des Sirups nach weiterem Fortkochen; Probe: mit der Spitze des Zeigefingers etwas Sirup vom Schaumlöffel streifen, den Daumen dagegen drücken und sofort wieder öffnen; zwischen beiden Fingern sollte sich ein Faden bilden, der sich beliebig ausdehnen läßt.

Flug: Zustand des Sirups nach weiterem Fortkochen; Probe: den Schaumlöffel eintauchen, in die Höhe heben und durch die Löcher blasen; hierbei sollten erbsengroße Blasen wegfliegen.

Bruch: das Stadium des Sirup-Kochens, das für alle Rezepte nötig ist, in denen kandiert werden soll; Probe: einen Holzlöffel in kaltes Wasser halten, danach in die Zuckerlösung und gleich darauf wieder in kaltes Wasser tauchen; dabei sollte sich der Zucker sofort zu einer brüchigen Masse verhärten.
Alle diese Angaben sind dem Kochbüchlein »Heimeran's Rumtopf« von Margrit Diethelm entnommen, in dem auch detaillierte Angaben über die Behandlung von Gelees, Pasten, Säften, Marmeladen etc. zu finden sind.

Hinweis: Natürlich entsaftet man alle Früchte (für Säfte und Gelee) am bequemsten im Dampfentsafter oder in einer modernen Saftpresse. Bei der letzten Methode gewinnt man rohe Säfte, die entweder mit der entsprechenden Zuckermenge gekocht oder roh mit feingesiebtem Zucker verrührt werden. Diese Säfte darf man nicht in verkorkten Flaschen aufbewahren, sondern muß sie mit Leinen zubinden, da sie leicht gären.

Süßspeisen

Berberitzenküchel

Von sehr reifen Berberitzen Saft gewinnen, indem man die Beeren zerdrückt und sie dann vorsichtig durch einen Flanellbeutel preßt, den Saft sich setzen läßt und von dem Bodensatz abgießt. Dann in einem Topf mit Ausguß Zucker mit dem Berberitzensaft zu einem ganz steifen Brei rühren, den Zucker auf kleiner Flamme unter fortwährendem Umrühren erwärmen, bis er flüssig ist und ihn tropfenweise auf ein mit Speiseöl eingeriebenes Weißblech gießen, auf dem die Küchel 24 Stunden fest und trocken werden. Ist der Zucker nicht mehr flüssig genug zum Gießen, erwärmt man ihn aufs Neue. *(Bitte beachten: In einigen Bundesländern steht die Berberitze auf der »Roten Liste«.)*

Berberitzenpudding

¾ Liter Rotwein mit ½ kg ausgepreßtem Berberitzensaft, ½ kg Zucker, der abgeriebenen Schale von 2 Zitronen und einer halben Stange Zimt zum Kochen bringen, durch ein Sieb seihen und wieder kochen. 200 g feines Kartoffel- oder Pfeilwurzmehl mit einem weiteren halben Liter kaltem Rotwein gut verquirlen und unter ständigem Rühren zu dem Saft geben, bis die Masse dicklich und steif wird. Den Pudding in eine naßgemachte Porzellanform füllen, nach dem Kaltwerden stürzen und mit einer Weinsauce servieren. *(Bitte beachten: In einigen Bundesländern steht die Berberitze auf der »Roten Liste«.)*

Hagebuttenauflauf

Einen reichlichen Suppenteller voll frischer Hagebutten zerteilen, ausputzen, tüchtig waschen und mit einem Glas Weißwein und 50 g Zucker weichdünsten. 125 g Butter zu Schaum rühren, 6 Eidotter, 125 g Zucker, 60 g gestoßene Mandeln, etwas Zimt, 200 g geriebene Semmeln, die erkalteten Hagebutten und den Eischnee langsam unterrühren und den Auflauf in einer gebutterten Form eine Stunde lang backen.

Hagebuttenkompott von frischen Früchten

Die sauber geputzten und gewaschenen Früchte von Stiel und Blüte und den Kernen befreien, dabei möglichst nicht zu sehr zerschneiden. Langsam mit einer Tasse Wasser, einem Glas Weißwein und dem nötigen Zucker weichkochen, mit dem Schaumlöffel herausnehmen und den Saft noch eine Weile einkochen, bevor man ihn wieder über die Hagebutten gießt.

Hagebuttenkompott von getrockneten Früchten

Die gut gewaschenen und geputzten Hagebutten erst einige Stunden in lauwarmem Wasser einweichen, das Wasser abgießen und die Hagebutten wie im vorigen Rezept mit Wein und Zucker weichkochen.
Auch mit Rosinen schmeckt das Hagebuttenkompott. Die gewässerten Hagebutten mit kaltem Wasser und Zucker beinahe weichdünsten, dann die gewaschenen Rosinen und etwas feingeschnittene Zitronenschale, die man in ein wenig Weißwein eine Viertelstunde heißgestellt hat, zugeben und das Mus noch eine Weile verkochen.

Hagebuttenpudding

375 g getrocknete, mehrere Stunden gewässerte oder $\frac{1}{2}$ kg frische, ausgekernte Hagebutten mit $\frac{3}{4}$ Liter Wasser und 125 g Zucker weich kochen und durch ein Sieb streichen. $\frac{3}{4}$ Liter Milch mit 200 g Butter zum Kochen bringen, 375 g geriebene Semmeln hineinrühren und unter öfterem Umrühren zu einem dicken Brei kochen. Die passierten Hagebutten zugeben, noch ein paarmal aufwallen lassen und die Masse dann in einer großen Schüssel auskühlen. Nun 200 g Puder-

zucker mit 8 Eidottern, 2 ganzen Eiern und der feingehackten Schale einer Zitrone zu Schaum schlagen, Hagebutten-Semmelbrei löffelweise zufügen, mit 1 Teelöffel Zimt, etwas Salz und Muskatnuß würzen. Den Schnee der 8 Eiweiß unterziehen und den Pudding in einer gut gebutterten Form $1\frac{1}{2}$ Stunden im Wasserbad kochen. Mit einer Weinsoße servieren. Sehr kalorienreich.

Hagebuttencreme

Einen reichlichen Teller frische, geputzte oder auch getrocknete und gewässerte Hagebutten mit $\frac{1}{4}$ Liter Weißwein, ebensoviel Wasser und 100 g Zucker weich kochen und durch ein Sieb streichen. 8 Eidotter und 2 Eßlöffel Zucker in $\frac{1}{2}$ Liter süßer Sahne verquirlen, einen Eßlöffel Maraschino oder anderen feinen Likör zugießen und über dem Feuer zu einer dicken Creme schlagen. Zuletzt mit den Hagebutten verrühren, bis zum Erkalten weiterschlagen und in eine Schüssel füllen.

Oder: $\frac{3}{4}$ Liter dicke saure Sahne mit 125 g Zucker, einem Gläschen Maraschino, dem festen Schnee von 4 Eiweiß und den durchgeschlagenen Hagebutten verrühren, die Creme in eine Glasschale füllen und mit Makronen garnieren.

Oder: 500 g Mark mit $\frac{1}{4}$ l Wasser, $\frac{1}{8}$ l Weißwein und abgeriebener Zitronenschale vermischen. Vier Eigelb und 175 bis 200 g Zucker darunterziehen. Der Schnee der Eier wird, wenn er steif ist, mit nach Vorschrift gelöster Gelatine (vier Blatt oder ein halbes Päckchen Gelatine) etwa 1 Minute weitergeschlagen, mit einer Gabel unter die Creme gehoben und sofort kaltgestellt.

Hagebuttenpasten

250 g Hagebuttenmark mit 80 g Apfelmus vermischen, 300 g Zucker zum Flug kochen und nach und nach zu dem Mark rühren. Alles einmal aufkochen lassen und runde Pasten davon auf gut gekühlte flache Unterlagen setzen oder auch auf Alufolie. Nach dem Trocknen schneidet man sie mit einem in heißes Wasser getauchten Messer los, setzt je zwei und zwei zusammen und dreht sie in Alufolie.

Holunderkompott

Sehr reife Holunderbeeren von den Stengeln befreien, waschen, mit sehr wenig Wasser, dem nötigen Zucker und einigen reifen, ausgekernten Pflaumen zwei Stunden langsam kochen. Geriebene Semmeln in Butter rösten, zu dem Holundermus geben. Das Kompott nochmals aufkochen lassen, durch ein Sieb streichen oder in den Mixer geben, noch dicker einkochen und kalt servieren.

Holundermus

Holunderbeeren mit halbierten Zwetschgen, kleingeschnittenen Äpfeln und Birnen in Essigwasser weichdünsten, Zucker und etwas Zimt beifügen, mit Stärkemehl oder Grieß binden.

Holundermus mit Zwetschgen

Holunderbeeren mit der gleichen Menge Zwetschgen weich kochen. In einer Pfanne Butter zergehen lassen, das Mus dazugeben und die Masse zum Kochen kommen lassen. Aus Stärkemehl und Milch einen dünnen Teig rühren und in die kochenden Beeren gießen. Durch das beigekochte Stärkemehl — auf einen Liter rechnet man einen Eßlöffel voll — wird das Mus sämig und mild. Es schmeckt kalt und warm.

Holunderkaltschale

Pürierte Holunderbeeren gut einzuckern, passieren, mit Weißwein verrühren, etwas Zitronensaft zufügen, gezuckerte Holunderbeeren oder kleine Makronen als Einlage. Eiskalt auftragen.

Pudding aus Isländisch Moos

Aus der vom Abkochen des isländischen Mooses zurückbleibenden sulzigen Flüssigkeit kann man nach entsprechendem Einkochen kleine gestürzte Puddings und Cremes herstellen. Dazu die sämige Flüssigkeit bis zur Geleeprobe, d. h. so dick einkochen, daß ein paar Tropfen, auf einen kalten Teller gebracht, gelieren. Als Geschmackszusatz Kakao mit feinem Zucker und kalter Milch anrühren, die noch heiße Flechtengallertlösung dieser Mischung zugeben und in kleine Geleegläser füllen. 24 Stunden kühlgestellt läßt sich der Pudding stürzen.

Wenn man die Flechtensulz weniger dick einkocht und mit Kakao und Zucker in der angegebenen Weise vermengt, so gibt es eine Creme. Entbittern siehe Seite 146.

Überzuckerter Kalmus

Geschälten, in fingerlange Stücke geschnittenen, weichgekochten und abgekühlten Kalmus in geläuterten Zucker legen, den man bis zum großen Flug siedet und so lange tabliert (d. h. mit einem Holzlöffel oder Span an der Seite des Kessels reibt), bis er weiß wird, worauf man den weißgewordenen Zucker vom Rande losmacht, unter den übrigen Zucker rührt. So lange damit fortfahren, bis sämtlicher Zucker weiß ist. Dann den Kalmus mit einer Gabel herausnehmen, auf ein Drahtsieb legen und trocknen lassen.

Kornelkirschenkompott

Auf $\frac{1}{2}$ kg Früchte ebensoviel Zucker läutern, etwas Zitronensaft hinzufügen und die Früchte einmal aufkochen lassen. Die Früchte herausnehmen, den Zucker kurz einkochen und 1—2 Teelöffel Arrak dazugeben. Kochend über die Kornelkirschen gießen und erkalten lassen. *(Bitte beachten: Die wilde Kornelkirsche steht unter Naturschutz.)*

Konfekt aus Klettenmark

Klettenmark in 2 cm lange Stücke schneiden und 20 Minuten in Wasser mit einer Prise Natron kochen. Abgießen und in einen Sirup aus 1 Tasse Zucker, $\frac{1}{2}$ Tasse Wasser, dem Saft einer Zitrone und abgeriebener Zitronenschale geben. Das Mark in diesem Sirup kochen, bis es klar wird, dann abgießen und in Puderzucker wälzen.

Maulbeerkompott

Frischgepflückte Maulbeeren verlesen und waschen. Je $\frac{1}{2}$ kg Früchte mit etwa 250 g Zucker, einem Glas Weißwein, ein wenig Wasser und Zitronenschale zum Kochen bringen. Immer wieder abschäumen. Wenn der Zucker sich völlig gelöst hat, die Beeren noch ein paarmal aufkochen lassen, mit dem Schaumlöffel herausheben, den Saft kurz einkochen, ihn wieder über die Maulbeeren gießen und das Kompott kaltstellen.

Maulbeerkaltschale

Von etwa $\frac{1}{2}$ kg schönen schwarzen Maulbeeren den dritten oder vierten Teil herauslesen, und zwar die größten und besten. Die übrigen mit $1\frac{1}{2}$ Liter Wasser ansetzen, zerkochen lassen, durchseihen und 1 Liter Rotwein, etwas Zitronenschale und 200 g Zucker zufügen. Alles gut verkochen, dann erkalten lassen. Die Kaltschale über den zurückbehaltenen, mit Zucker bestreuten Beeren anrichten.

Vogelbeerkonfekt

Zu diesem in Rußland ganz besonders gern gegessenen Konfekt sammelt man die Vogel- oder Ebereschen-Beeren erst, wenn sie schon einen Frost überstanden haben. Die Vogelbeeren mit etwas Wasser kochen, durch ein feines Sieb reiben, sie nochmals mit viel gestoßenem Zucker zu einem ganz dicken Mus kochen und erkalten lassen. Das Mus dann in kleine flache Gefäße gießen und langsam im warmen Ofen trocknen.

Eis

Engelwurzeis

Einige eingemachte Engelwurz-Stengel (Seite 192) mit 370 g Zucker durch den Mixer geben. Etwas von dem Zuckersirup zufügen, in dem sie eingemacht waren und alles gut mit $\frac{1}{2}$ l Sahne und sechs Eidottern verrühren. Die Masse unter beständigem Schlagen mit der Schneerute zum Kochen bringen, vom Feuer nehmen, und nach dem Erkalten in die Eismaschine füllen.

Hagebutteneis

Einen Liter frische Hagebutten reinigen, in Wasser weichkochen, durch ein Sieb geben und mit 250 g Puderzucker verrühren. Dann noch einmal 250 g Zucker in $\frac{3}{4}$ Liter Wasser klar kochen, den Saft von 3 Zitronen zugeben, die Flüssigkeit mit dem Hagebuttenmark vermischen und in die Eismaschine füllen.

Malinverno-Eis

$\frac{1}{2}$ kg recht reife Berberitzen von den Stielen streifen, auf dem Feuer mit einem Holzlöffel zerdrücken, mit $\frac{1}{4}$ Liter Burgunder einmal aufkochen und durch ein Haarsieb geben. 625 g Zucker mit etwas ganzem Zimt, Zitronenschale und einer Obertasse Wasser läutern, $\frac{1}{4}$ Liter Burgunder zugießen, den Sirup durchseihen und mit dem Beerensaft mischen. Die Masse in die Eismaschine füllen und im Tiefkühlschrank gefrieren lassen. Oder in einer Schüssel im Gefrierfach erstarren lassen und dabei ab und zu umrühren. *(Bitte beachten: In einigen Bundesländern steht die Berberitze auf der »Roten Liste«.)*

Veilcheneis

250 g Zucker mit 12 Eidottern schaumig rühren, nach und nach $1\frac{1}{2}$ l süße Sahne und $\frac{1}{4}$ l Veilchensaft zumischen. Das Ganze bei geringer Hitze zu einer Creme schlagen, vom Feuer nehmen, bis zum Erkalten fortrühren und in eine Eismaschine füllen oder die Masse in den Gefrierschrank stellen.

Gelee — Marmelade — Konfitüre

Bitte bei den nachstehenden Rezepten beachten: In einigen Bundesländern steht die Berberitze auf der »Roten Liste«.

Berberitzengelee

Die reifen Beeren pflücken, wenn sie schon einen leichten Frost bekommen haben, von den Stielen streifen, waschen und in einen Topf tun, den man in ein Gefäß mit kochendem Wasser stellt und gut zudeckt. Nach einer Stunde, wenn das Wasser in dem Wasserbad gut fortgekocht hat, die Beeren durch ein Tuch seihen, auf jedes halbe Kilo Saft 750 g Zucker geben und beides zusammen noch 10 Minuten lang kochen.

Berberitzen mit Zucker

Reife Berberitzen, die schon einen leichten Frost bekommen haben, mit den Stielen vom Strauch pflücken. Nachdem man die Beeren an der Seite mit einer Nadel geöffnet hat, um die Kerne herauszunehmen, legt man sie in kaltes Wasser und läßt sie auf einem Tuch wieder trocken werden. Die Beeren nun in eine tiefe Schüssel legen, dick mit gestoßenem Zucker vermischen, auch obendrauf stark zuckern. Die Schüssel zudecken und mehrere Stunden in den heißen Backofen stellen, so daß die Beeren völlig gar werden. Sie können nach dem Erkalten in Gläsern aufbewahrt werden.

Berberitzen-Mehlbeere-Zwetschgen-Marmelade

230 g Berberitzen entstielen, waschen, mit $\frac{1}{8}$ l Wasser (knapp messen) erhitzen, passieren. 900 g Mehlbeeren entstielen, waschen, mit $\frac{1}{4}$ l Wasser (knapp messen) etwa 5 Minuten kochen, passieren.
600 g Zwetschgen waschen, entkernen, mit 3 Eßlöffeln Wasser kochen, passieren oder roh durch den Mixer geben.
Alle Früchte miteinander vermischen, die Hälfte des Gesamtgewichtes Zucker dazu geben und kochend in Gläser füllen.

Berberitzen-Birnen-Marmelade

400 g Berberitzen entstielen, waschen, mit 4 Eßlöffeln Wasser erhitzen, passieren. 1000 g Birnen waschen, vierteln, mit $\frac{1}{4}$ l Wasser kochen und passieren. Das Mark miteinander mischen, die Hälfte des Gesamtgewichts Zucker dazu geben, aufkochen und heiß in Gläser füllen.

Berberitzen-Apfel-Kürbis-Marmelade

160 g Berberitzen entstielen, waschen, mit 4 Eßlöffeln Wasser erhitzen, passieren. 275 g Äpfel waschen, vierteln, mit 4 Eßlöffeln Wasser kochen, passieren. 370 g Kürbis (geputzt und geschält) mit 6 Eßlöffeln Wasser zerkochen, zu Mus rühren. Das Mark miteinander vermischen, die Hälfte des Gesamtgewichts Zucker dazugeben, aufkochen, in Gläser füllen.

Engelwurzstengel

Engelwurz-Stengel im Juni oder Juli pflücken, der Länge nach durchschneiden, in Wasser einmal aufkochen und dann darin erkalten lassen. Die Stengel abziehen, nochmals aufkochen und so lange in frisches Wasser legen, bis sie sich mit den Fingern zerdrücken lassen. Dann ein paarmal in dünnem Zuckersirup aufkochen und über Nacht auskühlen lassen. Die Prozedur an den beiden folgenden Tagen wiederholen und die Stengel in Gläsern aufbewahren. Ebenso behandelt man die Wurzel, wenn man sie einmacht. Eine magenstärkende Leckerei.

Hagebutten mit Zucker und Essig

Die Früchte reinigen und in Wasser halb weichkochen. Auf je 1 kg Früchte die gleiche Menge Zucker mit $\frac{1}{2}$ Liter Weinessig, 4 g Zimt und einigen Nelken klarsieden, Zimt und Nelken herausnehmen, die Früchte einmal im Zucker aufkochen. Die Prozedur im Verlauf von zwei Tagen wiederholen. Die Hagebutten in Gläser legen, den noch etwas eingedickten Zuckersirup darübergießen und die Gläser nach dem Erkalten verschließen.

Hagebutten-Birnen-Marmelade

800 g Hagebutten waschen, putzen, mit $\frac{1}{4}$ l Wasser kochen, passieren. 600 g Birnen waschen, vierteln, mit $\frac{1}{4}$ l Wasser kochen, passieren. Das Mark mischen und 425 g Zucker dazugeben, durchkochen und heiß in Gläser füllen.

Hagebutten-Quitten-Marmelade

520 g Hagebutten waschen, putzen, mit $\frac{1}{4}$ l Wasser (knapp messen) kochen (etwa 10 Minuten), passieren. 390 g japanische Quitten waschen, zerschneiden, mit 5 Eßlöffeln Wasser kochen (etwa 5 Minuten) und passieren, mischen und 300 g Zucker dazugeben, durchkochen und heiß in Gläser füllen.

Hagebutten-Tomaten-Marmelade

2 kg Hagebutten 13 Stunden in Wasser einweichen und dann mit demselben Wasser und 1 kg schönen, reifen Tomaten 10 Minuten kochen, durch die Fruchtpresse geben, mit dem Zucker ($\frac{1}{2}$ kg je 1 kg Mark) bis zur nötigen Dicke einkochen, heiß in Gläser füllen und verschließen.

Hagebuttenmark

Die sauber gewaschenen Hagebutten von den Kelchresten befreien, aufschneiden und die Kerne entfernen. In einem Topf mit Wasser etwa 3 Tage lang zum Aufweichen in den Keller stellen, dabei täglich umrühren. Danach die Masse mit geläutertem Zucker unter ständigem Umrühren etwa 1 Stunde kochen und durch ein Sieb streichen. Mit Zitronenschale oder Zimt würzen.

Oder: Möglichst reife Früchte von den Kelchresten befreien, waschen, zerschneiden oder, falls man eine größere Menge hat, pürieren. Um die kratzigen Samenhaare zu entfernen, müssen die zerkleinerten Früchte zugedeckt mindestens $\frac{3}{4}$ Stunden lang mit reichlichem Wasser gedämpft werden. Dadurch verfilzen sich die Haare und bleiben mit den Kernen zurück, wenn man die Masse durch ein feines Sieb rührt. Das Mark dann mit Zucker einkochen.

Hagebuttenmarmelade mit Obstessig

Zu 1 kg entkernten Früchten 700 g Zucker, 400 g Obstessig und den Saft von 2 Zitronen geben. Die Masse so lange stehen lassen, bis der Zucker sich aufgelöst hat und alles bis zur nötigen Dicke einkochen.

Hagebuttenkonfitüre

Die Hagebutten entkernen und von den Haaren befreien, unter kräftig fließendem Strahl waschen und in kochendes Wasser werfen. Dort einige Minuten ziehen lassen und abtropfen. In $\frac{1}{4}$ Liter Wasser pro 1 kg vorbereitete Hagebutten 1 kg Zucker läutern, den Sirup kalt über die Früchte gießen und sie bis zum nächsten Tag stehen lassen. Dann den Sirup abgießen, noch einmal aufkochen und etwas einkochen und wieder kühl über die Hagebutten gießen. Am dritten Tag dieselbe Prozedur. Am vierten Tag den Sirup wieder aufkochen, die Hagebutten kurz in den brodelnden Sud legen, abschäumen und in Gläser füllen. Nach dem Erkalten verschließen.

Hagebuttenhonig

Reife aber noch feste Hagebutten in einem groben Säckchen fest hin und her rollen. Unter Umständen kann man sich dann das Abzwicken von Blütenansatz und Stiel ersparen. Die Hagebutten dann oft und gründlich waschen, bis alle losen Teilchen entfernt sind, aber nicht auskernen. Auf 2 kg oder etwa 2 Liter so vorbereiteter Hagebutten 2 Liter Wasser gießen und gut $\frac{1}{2}$ Stunde zugedeckt kochen lassen. Wenn man den Topf dann über Nacht in eine Art Kochkiste stellt, wird der feine Vanillegeschmack besonders gut aus den Kernen herausgezogen und das lange Weichkochen auf dem Herd vermieden. Dann den Saft unter Druck ablaufen lassen oder ihn im Säckchen leicht auspressen. Auf 1 Liter Saft gibt man dann 800 g Zucker (nicht weniger, sonst muß man zu lange einkochen) und läßt den Sirup in einem möglichst weiten Topf unter öfterem Abschäumen honigartig gebunden einkochen. Nach 1 bis 2 Tagen den heiß in kleine Gläser gefüllten goldroten Sirup 10 Minuten bei 80—85 Grad erhitzen.

Holunder-Apfel-Marmelade

600 g Holunder entstielen, waschen, mit 4 Eßlöffeln Wasser kochen (etwa 3 Minuten) und passieren.
1000 g Äpfel waschen, vierteln mit $\frac{1}{4}$ l Wasser kochen und passieren. Die Masse mischen, abwiegen und etwa die Hälfte des Gesamtgewichtes Zucker dazutun, aufkochen und heiß in Gläser füllen.

Holunder-Birnen-Marmelade

250 g Holunder entstielen, waschen, mit 2 Eßlöffeln Wasser kochen (etwa 3 Minuten) und passieren.
600 g Birnen waschen, vierteln, mit $\frac{1}{4}$ l Wasser kochen und passieren. Das Mus mischen, abwiegen und etwa die Hälfte des Gesamtgewichtes Zucker dazutun. Aufkochen und heiß in Gläser füllen.

Holunder-Hagebutten-Marmelade

750 g Holunder waschen, entstielen, mit $\frac{1}{4}$ l Wasser kochen (etwa 3 Minuten) und passieren.
1000 g Hagebutten waschen, putzen, entkernen, mit $\frac{1}{8}$ l Wasser (reichlich gemessen) kochen (etwa 3 Minuten) und passieren.

Das Mus mischen, wiegen und die Hälfte des Gesamtgewichts Zucker dazutun. Aufkochen und heiß in Gläser füllen.

Holunder-Möhren-Marmelade

350 g Holunder entstielen, waschen, mit $\frac{1}{8}$ l Wasser kochen (etwa 3 Minuten) und passieren.
400 g Möhren waschen, putzen, zerschneiden, mit $\frac{1}{8}$ l Wasser kochen, durch den Fleischwolf drehen.
Das Mus mischen, wiegen und die Hälfte des Gesamtgewichts Zucker zufügen. Aufkochen und heiß in Gläser füllen.

Holunder-Quitten-Marmelade
(Japanische Quitten)

750 g Holunderbeeren entstielen, waschen, mit $\frac{1}{8}$ l Wasser kochen (etwa 3 Minuten), passieren.
750 g Japanische Quitten waschen, zerschneiden, mit $\frac{1}{4}$ l Wasser kochen (etwa 3 Minuten) und passieren.
Das Mus mischen, wiegen und die Hälfte des Gesamtgewichts Zucker zufügen. Aufkochen und heiß in Gläser füllen.

Holunder-Weißdorn-Berberitzen-Marmelade

750 g Holunder entstielen, waschen, mit $\frac{1}{4}$ l Wasser (knapp messen) kochen (etwa 3 Minuten) und passieren.
1125 g Weißdornbeeren waschen.
125 g Berberitzen entstielen, waschen, beides zusammen mit reichlich $\frac{1}{4}$ l Wasser kochen (etwa 5 Minuten) und passieren.
Das Mus mischen, wiegen und knapp die Hälfte des Gesamtgewichtes Zucker zufügen. Aufkochen und heiß in Gläser füllen.

Holundergelee

Holunderbeeren kochen, den Saft durch ein Tuch ablaufen lassen, ebenso Äpfel kochen und durchseihen. Den Holundersaft mit dem Apfelsaft zu gleichen Teilen mischen und mit 500 g Zucker auf 1 Liter Saftmischung zu Gelee kochen.

Holunder-Zwetschgen-Marmelade

300 g Holunder entstielen, waschen, mit 2 Eßlöffeln Wasser kochen (etwa 3 Minuten), passieren.

600 g Zwetschgen waschen, entsteinen, durch den Fleischwolf geben. Das Mus mischen, wiegen und die Hälfte des Gesamtgewichts Zucker zufügen. Aufkochen und heiß in Gläser füllen.

Kandierte Flechten aus Isländisch Moos

Aus den zierlichen Blättern des isländischen Mooses kann man sehr hübsch aussehende Zuckerware herstellen. Wie bei der Herstellung des Salates die Flechten erst nach kurzem Quellen in heißem Wasser eine Stunde in siedendem Dampf kochen. Inzwischen eine konzentrierte, nicht zu dünnflüssige Zuckerlösung herstellen, die mit Zitronensaft, etwas gestoßenem Ingwer, Vanillezucker, geriebenen Zitronen-, Apfelsinen- oder Mandarinenschalen oder anderen aromatischen Substanzen, z. B. 1 bis 2 Tropfen Orangenblütenöl, gewürzt wird.

Nach dem Abtropfen auf dem Sieb die noch feuchten, in lockere Büschel zerteilten Moosblätter einzeln in die Zuckerlösung eintauchen, abtropfen lassen und auf Glas- oder Porzellanplatten ausgebreitet an der Sonne oder in einem lauwarmen Backofen trocknen. Halbtrocken in feinem Kristallzucker umdrehen.

Dieses Flechtenkonfekt hält sich in gut verschlossenen Gläsern lange Zeit. Entbittern siehe Seite 146.

Kalmus

Junge, noch nicht holzige, sondern möglichst fleischige Kalmuswurzeln schälen, in Stücke schneiden, weichkochen und dann in kaltem Wasser abschrecken. In diesem Wasser bis zum anderen Tag stehen lassen. Dann die Wurzeln in eine Schüssel legen, dünnen geläuterten Zucker kochend darübergießen, das Gefäß zudecken und den Kalmus wieder bis zum folgenden Tag stehen lassen. Nun den Zucker noch etwas mehr einkochen, den Kalmus ein paarmal darin aufkochen und diese Prozedur an drei weiteren Tagen wiederholen. Am letzten Tag siedet man den Zucker bis zum kleinen Flug ein, läßt den Kalmus drei- bis viermal darin aufwallen, schäumt ab und füllt ihn in Gläser, die man nach dem Erkalten zubindet. Eine appetitanregende Leckerei.

Kalmushonig in Einmachgläsern

Die frische Kalmuswurzel mit der Bürste sauber von anhaftenden Erdteilchen reinigen, die Außenseite etwas abschaben und die Wurzel in etwa 5 cm große Stückchen teilen. Diese in einer nicht zu dicken Zuckerlösung weich kochen, bis die Lösung gut eingedampft, der Kalmus aber noch nicht verzuckert ist. Reinen Bienenhonig ins Wasserbad stellen, bis er dünnflüssig läuft. Die weichen Kalmusstückchen in kleinste Einmachgläser legen, den flüssigen Honig darübergießen und die Gläser 20 Minuten bei 80 Grad sterilisieren.

Kornelkirschen

Große, noch ziemlich harte Kornelkirschen mit siedendem Wasser übergießen und ablaufen lassen. Auf jedes halbe kg $\frac{1}{2}$ kg Zucker zum Faden kochen, die Kornelkirschen eine Viertelstunde darin sieden lassen und mit dem Schaumlöffel herausnehmen. Den Zucker zu Sirup einkochen und über die Früchte gießen. Die Prozedur an zwei weiteren Tagen wiederholen. Zuletzt Früchte und Zuckerlösung in Gläser füllen, die man nach dem Erkalten zubindet. *(Bitte beachten: Die wilde Kornelkirsche steht unter Naturschutz.)*

Löwenzahnsirup

3 bis 4 gehäufte Hände voll Löwenzahnblüten in 2 Liter Wasser gut kochen lassen, abseihen und in den heißen Saft $1\frac{1}{2}$ kg Zucker und den Saft von 2 Zitronen einrühren. Unter ständigem Umrühren die Flüssigkeit so lange kochen, bis eine sirupartige, fadenziehende Masse entsteht. Den Sirup in weithalsige Flaschen (am besten in Weckgläser) füllen. Der so gewonnene Sirup ist, wenn er sorgfältig bereitet wird, von Honig geschmacklich kaum zu unterscheiden.

Maulbeeren

Auf $\frac{1}{2}$ kg sauber verlesene, gewaschene, nicht allzu reife Maulbeeren einen dicken Sirup aus $\frac{1}{2}$ kg feinem Zucker und $\frac{1}{2}$ l Wasser gießen und über Nacht stehen lassen. Am nächsten Tag den Zuckersirup abgießen und ein paarmal aufkochen. Die Maulbeeren wieder hineinlegen, 10 Minuten darin kochen lassen, mit dem Schaumlöffel herausnehmen und in Gläser schichten. Den Zucker dick einkochen und darübergießen, sobald er ein wenig ausgekühlt ist. Die Gläser zubinden und kühl aufbewahren.

Maulbeergelee

Sehr reife Maulbeeren durch ein Tuch auspressen oder in einem Topf in ein Gefäß mit Wasser stellen und so lange kochen, bis sie ordentlich Saft gezogen haben. Den Saft durch ein feines Sieb abgießen. Auf jedes $\frac{1}{2}$ kg Saft das gleiche Gewicht Zucker läutern und mit dem Maulbeersaft vermischen. Unter häufigem Umrühren auf kleinem Feuer so lange sieden, bis das Gelee vom Löffel rutscht oder bis ein auf einen Teller gegebener Tropfen sofort erstarrt.

Schlehen

$\frac{1}{2}$ kg möglichst reife, von den Stielen befreite Schlehen mit $\frac{1}{2}$ kg zu dünnem Sirup gekochtem Zucker übergießen. Zugedeckt 24 Stunden stehen lassen, den Saft abschütten, ihn dick einkochen, abschäumen und die Schlehen wieder dazutun. Ein paarmal aufwallen lassen und zudecken. Am folgenden Tag den Sirup wieder abseihen, ihn mit Zimt und Nelken kochen, eindicken und ihn nach dem Erkalten auf die in Gläser geschichteten Früchte gießen.

Schlehen-Apfel-Marmelade

400 g Schlehen waschen, mit $\frac{3}{8}$ l Wasser (knapp messen) etwa 5 Minuten kochen, passieren; die Rückstände nochmals mit 6 Eßlöffeln Wasser aufkochen und passieren. 600 g Äpfel waschen, vierteln, mit reichlich $\frac{1}{8}$ l Wasser kochen, passieren. Das Mus wiegen, mischen, etwa die Hälfte des Gesamtgewichts Zucker dazutun, aufkochen und heiß in Gläser füllen.

Schlehen-Birnen-Marmelade

550 g Schlehen waschen, mit $\frac{1}{2}$ l Wasser kochen (etwa 5 Minuten), passieren, die Rückstände nochmals mit $\frac{1}{8}$ l Wasser aufkochen und passieren. 850 g Birnen waschen, vierteln, mit $\frac{1}{4}$ l Wasser kochen, passieren. Das Mus mischen, abwiegen und etwa die Hälfte des Gesamtgewichts Zucker dazutun, aufkochen und heiß in Gläser füllen.

Schlehen mit Essig

Nach einem Frost gesammelte Schlehen mit kaltem Wasser ansetzen, fast zum Kochen kommen und dann auf einem Durchschlag ablaufen lassen. Auf $\frac{1}{2}$ kg Schlehen $\frac{1}{2}$ l guten Essig mit 750 g Zucker kochen, den Schaum abnehmen und die Schlehen, 4 g zerbrochenen Zimt und 4 g Nelken dazugeben. Alles einmal aufkochen, den Essig etwas eindicken und ihn abgekühlt über die in Gläser geschichteten Früchte gießen. Nach 8 Tagen den Essig wieder abseihen, ihn nochmals einkochen, nach dem Erkalten wieder auf die Schlehen gießen und die Gläser verschließen.

Schlehen süßsauer

$\frac{1}{2}$ l Wasser, $\frac{1}{2}$ l Essig und $\frac{1}{2}$ kg Zucker aufkochen, 3 kg gewaschene Schlehen hineinschütten und langsam darin garen. In einen Steintopf füllen, mit einem Tuch bedecken und eine Woche lang stehen lassen. Dann die Flüssigkeit abgießen, erneut aufkochen und kochend heiß auf die Früchte schütten. Den Topf zubinden.

Veilchenmarmelade

Ein Pfund Veilchenblätter zerstoßen und in 3 Pfund aufgekochten Zucker geben. Nach einiger Zeit $\frac{1}{2}$ kg Apfelmus zugeben. Auf kleiner Flamme die Mischung mit einem Holzlöffel umrühren, kurz aufwallen lassen und die Marmelade warm in Töpfe füllen.

Veilchenkonserve

Einige Handvoll gut verlesener frischer, starkduftender Veilchenblütenblätter in einer Porzellanschüssel mit $\frac{1}{2}$ l kochendem Wasser übergießen. Die Schüssel fest zudecken und sie über Nacht an einen warmen Ort stellen. Am anderen Tag die Flüssigkeit durch Fließpapier (Filtertüte) geben, auf 1 kg feinen Zucker geben, rasch aufkochen und die Masse in mit Öl ausgestrichene Blechformen schütten. Man kann den Zucker auch durch einen Trichter laufen lassen und dadurch auf einer eingefetteten Unterlage kleine Plätzchen formen.

Vogelbeermarmelade mit Honig

Die nach den ersten Frösten gesammelten, von den Stielen gepflückten Vogelbeeren auf ein mit Rand versehenes Backblech schütten, in einem lauwarmen Ofen etwas überbacken und in mehrmals aufgekochtem, gut abgeschäumtem Honig zu einer dicken Marmelade einkochen.

Vogelbeergelee

Die völlig reifen, aber noch nicht mehligen Beeren abpflücken, von den Stielen befreien, waschen, in einem Topf knapp mit Wasser übergießen und langsam vollständig zerkochen. Den Saft durchseihen und wiegen. Auf jedes $\frac{1}{2}$ kg Saft $\frac{1}{2}$ kg feinen Zucker läutern und mit dem Saft so lange kochen lassen, bis ein auf einen Teller gegebener Tropfen erstarrt. Das sehr haltbare Gelee in Gläser füllen.

Saft — Sirup

Bitte bei den nachstehenden Rezepten beachten: In einigen Bundesländern steht die Berberitze auf der »Roten Liste«.

Berberitzensaft oder Berberitzensirup

Die Beeren nach einem leichten Frost sammeln, auslesen, zerdrücken, mit etwas Wasser unter Umrühren ganz zerkochen und durchpassieren. Auf $\frac{1}{2}$ kg Saft 1 kg Zucker klären, den Saft einmal damit aufkochen lassen, abschäumen und nach dem Erkalten in Flaschen füllen, die man gut verschließt.

Berberitzensaft statt Zitronensaft

Die Beeren ohne Stiele zerdrücken und auspressen. Den Saft am anderen Tag langsam vom Bodensatz abgießen und in saubere und trockene Arzneigläser füllen. Die Gläser 14 Tage offen an die Sonne oder einen warmen Ort zum Ausgären stellen und dann gut verkorken. Dieser Berberitzensaft kann wie Zitronensaft verwendet werden.

Hagebuttensüßmost

Die Süßmostbereitung aus Hagebutten ist etwas umständlicher als diejenige aus Beerenobst, weil die ziemlich harten Hagebutten, auch wenn sie reif sind, den Saft nicht so leicht abgeben. Man weicht sie deswegen nach dem Zerkleinern 24 Stunden in Wasser ein, ehe man sie preßt. Da die Hagebutten sehr Vitamin-C-haltig sind, ist der aus ihnen gewonnene Süßmost besonders wertvoll.

Holunderbeersaft

5 kg Holunderbeeren mit den Dolden gründlich waschen. Die dicken Stiele abschneiden. Die Beerendolden in den Siebeinsatz des Dampfentsafters geben. In das Unterteil des Entsafters vier Liter Wasser füllen. Den Siebeinsatz in das Oberteil des Entsafters setzen und alles zusammen auf dem Topf mit Wasser zum Kochen bringen und die Beeren 35 Minuten lang entsaften lassen. Den heißen Saft mit dem Entsafterschlauch sofort randvoll in gut ausgespülte Saftflaschen füllen. Sofort mit Gummikappen verschließen.

Holunderbeersaft (nach M. Richter)

Die Beeren von den gewaschenen Dolden abstreifen, mit kaltem Wasser bedecken, langsam garkochen und eine Stunde lang ziehen lassen. Dann den Saft durch ein Mulltuch laufen lassen und anschließend wiegen. Auf 1000 g Saft 200—300 g Zucker geben, aufkochen und abschäumen. Dann den Saft kochendheiß in vorgewärmte Flaschen füllen. Sofort verschließen.
Bei Erkältungskrankheiten im Winter ein angenehmes vitaminreiches Heißgetränk.

Maulbeersaft

Eine beliebige Menge sehr reifer, gut verlesener Maulbeeren in einen Steintopf schütten und den Topf in ein Gefäß mit Wasser stellen, das man einige Stunden langsam bei mäßigem Feuer kochen läßt. Den Saft, der sich dabei sammelt, nach und nach abgießen. Auf jedes $\frac{1}{2}$ Liter dieses Saftes $\frac{1}{2}$ kg Zucker geben, beides unter tüchtigem Abschäumen bis zum Faden kochen, den Sirup erkalten lassen und ihn in Flaschen füllen, die man gut verschließt. Sind die Beeren sehr süß, braucht man auf $\frac{1}{2}$ Liter Saft nur 250—375 g Zucker. Der Sirup gibt eine sehr angenehme kühlende Limonade, besonders für Kranke.

Schlehensaft

Einen großen Steinguttopf mit den gewaschenen Schlehen füllen und mit soviel kochendem Wasser übergießen, daß die Früchte handhoch damit bedeckt sind. 24 Stunden stehen lassen. Dann das schon schön gefärbte Wasser abgießen, wieder zum Kochen bringen, auf die Beeren zurückgießen und wieder 24 Stunden stehen lassen. Der Vorgang wird noch einmal wiederholt. Nach dieser Zeit hat das Wasser durch Auslaugen der Beeren eine leuchtend schöne Farbe bekommen. Auf 1 Liter dieses Saftes gibt man nun 200 bis 250 g Zucker, läßt dies unter Abschäumen klar aufkochen, füllt den Saft in Flaschen und erhitzt ihn 20 Minuten bei 80 Grad.

Mit Zitronenscheiben, einigen Nelken, einem Stückchen Zimt, Zucker und leichter Wasserverdünnung sowie einem Schuß Arrak aufgekocht, ist der Schlehensaft bei Kälte ein erwärmendes Getränk.

Schlehensüßmost

5 kg Früchte und mindestens 600 g Zucker ergeben etwa 2—3 Liter Süßmost. Reife Schlehen werden dampfentsaftet, der Zucker wird geschmolzen dazugegeben und sterilisiert. Eine Zugabe von Pflaumen- oder Birnensaft schmeckt gut. Der Schlehen-Süßmost kann auch als Glühwein getrunken werden.

Veilchensaft oder Veilchensirup

Von frischgepflückten, wohlriechenden Veilchen die blauen Blütenblätter abzupfen und gut verlesen, damit kein grünes Blättchen dabei ist. In einer Porzellan- oder Steingutschüssel nicht zuviel kochendes Wasser darübergießen, die Schüssel fest zudecken und über Nacht stehen lassen. Am nächsten Tag den Saft durch ein feines Tuch pressen. Auf $\frac{1}{2}$ Liter Saft $\frac{1}{2}$ kg feinsten Zucker und den Saft einer Zitrone zugeben, über kleinem Feuer langsam schmelzen und sehr heiß werden lassen, aber nicht kochen, und die sich bildende Haut gut abschäumen. Den Saft dann vom Feuer nehmen und in kleine gewärmte Flaschen füllen.

Hinweise für die Zubereitung
von alkoholischen Getränken

Die folgenden Rezepte zur Likör- und Weinherstellung sind Vorschläge zur Verwendung der gesammelten Wildfrüchte. Wer von vorneherein Mißerfolge ausschließen will, sollte sich gerade auf diesem Gebiet von jemandem beraten lassen, der schon selber Liköre und Weine aus Früchten hergestellt hat.

Bei der Herstellung von Likören mischt man normalerweise 2 bis 3 Pfund Früchte mit 1 Liter reinem Weingeist (95 %), den man in der Apotheke kaufen kann, 2 Pfund Kristallzucker und 2—3 Liter abgekochtem Wasser. Verwendet man statt Weingeist Fruchtbranntweine (Obstwasser oder Obstgeist), die im Durchschnitt 50—60 % Wasser enthalten, so muß das Wasser entsprechend reduziert und der Zusatz an Obstwasser anteilig erhöht werden.

Aber nur, wer gut rechnen kann, sollte sich an eine solche Veränderung der Rezepte wagen. Wer sehr mutig ist, kann zum Beispiel auch die Mengen — je nach Sammelergebnis — halbieren oder in einem anderen Verhältnis ändern.

Den Zucker sollte man immer vorher mit dem Wasser gut aufkochen und ihn abgekühlt der Saft- und Weingeistmischung zusetzen.

Falls der Likör trübe ist, kann er vor dem Zuckerzusatz filtriert werden.

Bei Likören gilt im allgemeinen der Grundsatz »Je älter, desto besser«. Aber in einem alten Kochbuch fand sich der — von der Verfasserin nicht ausprobierte — Hinweis, wie man frische Liköre in kurzer Zeit trinkbar machen kann: Man soll die nicht ganz gefüllten Flaschen im Wasserbad bei 60 bis 70 Grad Celsius einige Stunden erhitzen und sie dann in diesem Wasser abkühlen lassen. Vorher die Flaschen gut verschließen (Korken umbinden), sonst gehen sie in die Luft.

Wie aus den Rezepten hervorgeht, kann man den Wein mit und ohne Hefezusatz herstellen. Beerensäfte ohne Hefezusatz gären langsamer. Immer jedoch sollte man den Wein von der Hefe ablassen, sobald der Gärprozeß vorbei ist. Der Geschmack leidet sonst darunter.

Alkoholische Getränke

Engelwurzlikör

30 g frische oder getrocknete Angelikawurzel in kleine Stücke schneiden und mit 5 g Nelken, 5 g Kardamom und 10 g ganzen Zimt in eine Glasflasche geben und 1½ Liter guten Franzbranntwein darübergießen. Den Likör an einem warmen Ort vier Wochen ziehen lassen, mit 250 g Zucker, der in ½ Liter Wasser geläutert wurde, versüßen, filtrieren und auf Flaschen füllen.

Hagebuttenwein

Gut ausgereifte Hagebutten von Blüte und Stiel befreien. Dann einige Tage liegen lassen, bis sie teigig werden. Die weichen Früchte durch den Mixer geben und den Brei mit soviel Wasser anrühren, daß er einem dünnen Eierkuchenteig ähnelt. Diese Masse einige Tage an einem Ort, dessen Temperatur nicht unter 18° C beträgt, stehen lassen, bis sie zu gären beginnt. Dann in einer Most- oder Beerenpresse auspressen und dem ausgepreßten Saft auf je 1½ Liter ½ bis ¾ kg Zucker zusetzen. Den Wein — der anfangs wie Essig schmeckt — nun in einen Glaskolben füllen, den man an einem nicht unter 18° C warmen Ort aufstellt. In den ersten 8 Tagen täglich umrühren, dann bis März oder April gären lassen. Vorsichtig in Flaschen abfüllen, die luftdicht verkorkt und im Keller gelagert werden. Nach ein- oder mehrjähriger Lagerung erhält man einen Wein, der an Farbe und Feinheit des Aromas dem Malaga nicht viel nachsteht und sich, je älter er wird, immer mehr verfeinert.

Hagebuttenlikör

2 Pfund Hagebutten, die schon einen leichten Frost bekommen haben, zerdrücken und mit 1½—2 Liter Weingeist oder Kirschwasser 8 Tage im Glasballon gut verkorkt warm stellen und dann abfiltrieren. Zusatz: 1—1½ Pfund Zucker die in ¾ bis 1 Liter Wasser aufgekocht werden.

Holunderwein

13 kg gut abgestielte, reife Holunderbeeren, 30 g Piment und 60 g Ingwer eine Stunde lang in 50 Liter Wasser kochen. Dann 22 kg Zucker in einen Bottich schütten. Die Flüssigkeit mit dem Holunder durchseihen, allen Saft aus den Beeren pressen und über den Zucker schütten. 125 g Cremortartari (gibt es auf Bestellung in der Apotheke) dazugeben und die Flüssigkeit so 2 Tage stehen lassen. Dann füllt man sie in ein Faß, deckt einen Ziegelstein über das Spundloch und rührt den Wein jeden zweiten Tag einmal um. Wenn die Gärung vollendet ist, 2—3 Liter Franzbranntwein zugießen, das Faß verspunden und nach vier Monaten den Wein auf Flaschen ziehen.

Holunder-»Sekt«

Sieben große Dolden Holunderblüten mit 7 Liter Wasser, 1 kg Zucker, 30 g Zitronensäure und zwei in Scheiben geschnittenen Zitronen ansetzen und 24 Stunden stehen lassen. Dann kräftig durchrühren und die Flüssigkeit durch ein Sieb in Flaschen füllen, die möglichst einen Patentverschluß haben sollten. Die Flaschen stehend im Keller aufbewahren. Nach 6 Wochen Gärzeit ist der »Sekt« trinkfertig.

Moussierende Holunderlimonade

500 g Zucker, 4 Liter Wasser, 4 Zitronen, 8 Holunderblüten in einen Glas-, Aluminium- oder gut verzinnten Topf geben, mit einem Tuch leicht bedecken, etwa 4—5 Tage an die Sonne oder sonst an die Wärme stellen und öfter umrühren. Sobald Bläschen aufsteigen, ist es Zeit, die Limonade durch ein Tuch zu seihen und in Flaschen zu füllen. Die Flaschen verkorken oder mit Patentverschluß schließen. Im kühlen Keller ruhigstellen. Nach etwa 14 Tagen, manchmal auch früher, ist die moussierende Limonade fertig.

Englischer Holunderbrandy

Völlig reife Beeren von den Stielen pflücken, auspressen und den Saft durch mehrere übereinandergelegte Haartücher seihen. Darauf mit Zucker und einigen Gewürznelken aufkochen, nach dem Erkalten mit Malz-Branntwein versetzen (auf je 20 Liter Saft rechnet man 2 Liter Branntwein) und in einem Fäßchen im Keller aufbewahren.

Englischer Hopfenlikör

Eine weithalsige Flasche mit reifen, getrockneten Hopfenfruchtzapfen füllen, welche etwas zusammengeschüttelt, aber nicht fest eingedrückt werden dürfen. Den Hopfen mit Sherry übergießen und vier Wochen ziehen lassen. Nach dieser Zeit durchseihen, mit einem dünnen Zuckersirup aus 200 g Zucker, der in $\frac{1}{4}$ Liter Wasser geläutert wurde, vermischen, alles nochmals durchseihen und den Likör in gut verkorkte Flaschen füllen. Er ist unvermischt oder mit Wasser verdünnt als magenstärkendes Mittel zu gebrauchen.

Kalmuslikör

125 g getrockneter, fein zerschnittener Kalmus und 37 g zerschnittene Angelikawurzel (Engelwurz) nach Belieben auch etwas bittere Pomeranzenschale mit $2\frac{1}{2}$ Liter feinem Branntwein in einer gut verkorkten, großen Flasche oder einem Steinkrug drei bis vier Wochen an einem ziemlich warmen Ort stehenlassen. 1 kg Zucker in $1\frac{1}{2}$ Liter Wasser läutern und mit dem Branntwein vermischen. Den Likör filtrieren und in Flaschen füllen.

Löwenzahnwein

Bei trockenem Wetter $4\frac{1}{2}$ Liter Löwenzahn-Blüten sammeln und in einen 10-Liter-Topf tun. $4\frac{1}{2}$ Liter kochendes Wasser darübergießen. Den Topf zudecken und die Blüten 3 Tage lang darin aufweichen lassen. Die Flüssigkeit durch ein Musselintuch seihen und dabei den ganzen Saft aus den Blüten pressen. Den Saft mit einer kleinen Ingwerwurzel, den feingeschnittenen Schalen und dem Saft von 3 Orangen und 1 Zitrone sowie $1\frac{1}{4}$ kg Zucker in einen großen Kochtopf geben und 20 Minuten lang leicht kochen lassen. Die Flüssigkeit in ein Steingut- oder Porzellangefäß füllen und abkühlen lassen, bis sie kaum mehr lauwarm ist. $\frac{1}{2}$ Würfel Hefe auf einem Stück getoasteten Roggenbrot verteilen und auf dem Löwenzahnsaft schwimmen lassen. Das Gefäß mit einem Tuch bedecken und es für sechs Tage in einen warmen Raum stellen. Dann kann man den Wein in einen großen Krug abseihen, der mit einem Baumwollbausch leicht verschlossen wird. Man läßt ihn nun drei Wochen lang an einem dunklen Ort stehen, füllt ihn dann sorgfältig in Flaschen, die man mit einem Verschluß oder Korken abdichtet. Man sollte den Wein mindestens bis zum nächsten Weihnachtsfest ruhen lassen.

Englischer Löwenzahnwein

Man pflückt 4 Liter der gelben Röhrenblütchen der Löwenzahnblüten und befreit sie sorgfältig von Ungeziefer. Diese Staubfäden mit $4\frac{1}{2}$ Liter abgekochtem, noch heißem Wasser übergießen, tüchtig umrühren, das Gefäß mit einem Tuch zudecken und es 3 Tage stehenlassen. Öfter umrühren. Anschließend das Wasser durchseihen und $\frac{1}{2}$ Stunde lang mit der Schale und dem Fruchtfleisch von je einer Zitrone und einer Apfelsine, etwas Ingwer und $1\frac{3}{4}$ kg Zucker kochen. Den Saft auskühlen lassen und auf einer gerösteten Brotschnitte ein wenig Hefe hineingeben. Nach 1 bis 2 Tagen, wenn die Gärung vorüber ist, füllt man die Flüssigkeit in ein kleines Faß und gießt den Wein 2 Monate später in Flaschen ab. Er soll gut gegen Leberleiden sein.

Maitrank aus Brabant und Flandern

Waldmeister, einige junge Erdbeerblätter, Gänseblümchen, etwas Fünffingerkraut (Potentilla), Himbeersprossen, Veilchenblüten, Schafgarbenblättchen und junge Triebe der schwarzen Johannisbeere mit einer Mischung von Mosel- und Rheinwein übergießen. Dieser Trank soll eine sehr heilkräftige Wirkung haben.

Malinverno-Punsch

$\frac{1}{2}$ kg Zucker in 1 Liter Wasser läutern. $\frac{1}{2}$ kg reife, abgestielte Berberitzen mit einem Holzlöffel zerquetschen und in dem Zuckerwasser aufkochen. Eine Flasche Rotwein zugießen, alles durch ein Sieb streichen, mit einer Flasche Rum und etwas Himbeersaft auffüllen und den Punsch heiß oder kalt servieren. *(Bitte beachten: In einigen Bundesländern ist die Berberitze geschützt.)*

Englischer Pastinakenwein

Die ordentlich geputzten Wurzeln der Pastinake in Stücke schneiden und wiegen. Auf je 2 bis $2\frac{1}{2}$ kg Pastinaken $4\frac{1}{2}$ Liter Wasser gießen und die Wurzeln darin weichkochen. Das Wasser dann durchseihen, ohne die Wurzeln zu zerdrücken. Auf je $4\frac{1}{2}$ Liter dieses Pastinakensaftes sofort nach dem Durchseihen 15 g pulverisierten Weinstein untermischen, gut mit dem Saft verrühren, $1\frac{1}{2}$ kg Zucker zugeben und so lange rühren, bis der Zucker völlig zergangen ist. Die Flüssigkeit auskühlen lassen. Eine dicke Weißbrotschnitte rösten und mit frischer Hefe bestreichen (für 26 bis 27 l Flüssigkeit genügen 2 Eßlöffel Bierhefe). Das

Weißbrot mit der Hefe in den Wein geben, das Gefäß mit einem Flanelltuch bedecken und den Wein gären lassen. Das Gefäß muß dafür 10 bis 14 Tage in einem kühlen Keller stehen. Die Flüssigkeit muß jeden Tag umgerührt und der Schaum abgeschöpft werden. Sobald die Gärung aufhört, den Wein bis zum Spundloch in ein Faß füllen, ihn einige Tage stehen lassen und so lange nachfüllen, bis der Pegel der Flüssigkeit nicht mehr sinkt. Erst nach 8—12 Tagen das Faß verspunden. Nach einem halben Jahr füllt man den Wein um und läutert ihn. Aber erst nach 1 bis $1\frac{1}{2}$ Jahren kann man ihn in Flaschen abfüllen. Auch dann muß man ihn noch eine Weile lagern, ehe man ihn trinken kann. Der Pastinakenwein schmeckt süß und feurig. Seine Liebhaber behaupten, er schmecke wie Malvasier.

Schlehenwein

Frischgepflückte, reife Schlehen verlesen und in einen Bottich schütten. Auf jeden Liter Früchte 1 Liter Wasser zum Kochen bringen und siedend über die Schlehen gießen. Die Früchte 5 Tage unter täglichem Umrühren so stehen lassen. Dann je Liter Flüssigkeit $\frac{1}{2}$ kg feinen Zucker darin auflösen, alles in ein Faß füllen und auf je 6 Liter Flüssigkeit $\frac{1}{2}$ Liter feinen Branntwein, am besten Cognac, gießen. Der Wein muß mindestens 1 Jahr lang im Faß lagern, bevor man ihn auf Flaschen zieht, und noch ein Jahr liegen, bevor man ihn trinkt. Er hat einen portweinähnlichen Geschmack.

Schlehenlikör oder Kajowsky

Mehrere Pfund sehr reife Schlehen auf einem Papierbogen oder Folie einen Tag an die Sonne legen. Dann die Kerne herausnehmen, alles Fleisch gut abwaschen und an der Sonne oder im Ofen trocknen lassen. Sobald sie trocken sind, die Kerne wiegen und auf jedes reichliche $\frac{1}{4}$ Liter 1 Liter feinen Branntwein (Cognac, Kirschwasser, auch Kornbranntwein) abmessen. Die Kerne zerschlagen und mit den Schalen 6 Wochen in dem Branntwein ziehen lassen. Dabei von Zeit zu Zeit schütteln. Nach den sechs Wochen die Flüssigkeit filtrieren und in eine große, tiefe Schüssel gießen. Auf jedes Liter Branntwein 750 g Zucker zu einem bräunlichen Sirup kochen und ihn vorsichtig mit starkem, anhaltendem Rühren in den Branntwein gießen. So lange rühren, bis alles vollständig gemischt ist. Den Likör in Flaschen füllen, die man verkorkt und versiegelt und eine Zeitlang lagern läßt.

Schlehenlikör

(Aus »Brigitte«)

Schlehen waschen und in einem großen Topf mit zwei Liter kochendem Wasser übergießen. Über Nacht stehen lassen. Am nächsten Tag das Wasser abgießen, wieder aufkochen und über die Schlehen gießen. Diesen Vorgang noch zweimal wiederholen. Dazwischen immer einen Tag stehen lassen. Dann die Schlehen mit dem entstandenen Saft durch ein Baumwolltuch filtern. Dabei gut ausdrücken. Vom Saft eineinhalb Liter abmessen und mit dem Kandiszucker und Rum auf drei Flaschen verteilen. In jede Flasche eine Vanilleschote stecken. Gut verschlossen mindestens acht Wochen ziehen lassen.

Veilchenbowle

An einem sonnigen, trockenen Tag, kurz vor Mittag, wenn der Tau von der Sonne aufgesogen ist, einen großen Strauß stark duftender Veilchen pflücken und mit einer feinen scharfen Schere die Stiele und die grünen Kelchblättchen abschneiden. Die Blüten mit einer Obertasse sehr feinem Cognac und einer halben Flasche Wein übergießen und die Flüssigkeit 6—8 Stunden ziehen lassen. Inzwischen soviel klaren Zucker, wie man für nötig hält (etwa 180—200 g), in etwas Weißwein auflösen, mit 2 Flaschen Weißwein und dem durchgeseihten Veilchenextrakt vermischen und die Bowle auf Eis stellen.

Vogelbeerlikör oder russischer Vogelbeernalifka

Für diesen in Rußland beliebten Likör sammelt man die Vogelbeeren nach den ersten Herbstfrösten. Die gut verlesenen Beeren in große Glasflaschen geben und mit feinem, doppelt rektifiziertem Branntwein übergießen. Die gut verkorkten Flaschen 2—3 Monate in die Sonne oder in ein ziemlich warmes Zimmer stellen, bis die Beeren völlig entfärbt sind. Den Branntwein dann durch einen Flanellbeutel seihen. Auf jeden Liter davon $\frac{1}{2}$ kg Zucker läutern und den Zuckersirup gut mit dem Branntwein vermischen. Den Likör nochmals filtrieren, in Flaschen füllen und ihn einige Zeit lagern, bevor man ihn trinkt.

Gebäck

Brot aus Flechtenmehl

$\frac{1}{2}$ Pfund Flechtenmehl aus Isländisch Moos mit 3 Liter Wasser $\frac{1}{2}$ Stunde auf offenem Feuer und dann eine ganze Stunde im Wasserbad kochen. Die Masse abkühlen und mit $\frac{1}{2}$ Pfund Roggenmehl und Sauerteig zur Säuerung ansetzen. Den Teig über Nacht gären lassen und dann mit weiteren $2\frac{1}{2}$ Pfund Roggenmehl verkneten. Noch 4 Stunden gehen lassen, dann am besten einem Bäcker zum Backen geben. Die Menge ergibt etwa 12 Brote.

Grüner Marmorkuchen

$\frac{1}{2}$ Pfund Mehl, 1 Päckchen Backpulver, $\frac{1}{4}$ Pfund Zucker, $\frac{1}{8}$ Liter Milch und 2 Eier nach und nach verrühren. Den Teig in zwei Hälften teilen. Der einen Hälfte einen Teller gekochtes und kleingehacktes Scharbockskraut untermischen, das man mit Mehl und 1 Eßlöffel Zucker verrührt hat. Den grünen und den weißen Teig abwechselnd in eine mit Fett ausgestrichene Form füllen und ihn etwa 1 Stunde bei guter Hitze backen.

Hagebuttenmakronen

Zu 125 g gestoßenen Mandeln und ebensoviel Zucker rührt man den steifen Schnee von 2 Eiweiß und einen Eßlöffel Hagebuttenmarmelade. Die runden oder länglichen Makronen mit einem Eßlöffel auf Oblaten setzen und im lauwarmen Ofen backen.

Holunderküchlein

Holunderblüten kräftig in Wasser schwenken und auf einem Tuch abtrocknen. Dann die Blüten am Stiel nehmen und jede Dolde einzeln in einen Ausbackteig tauchen und unter Schütteln schwimmend in heißem Fett hellgelb backen. Auf einem Sieb abtropfen lassen und mit Zucker überstreuen. Teig: 120 g Mehl, 2—3 Eigelb, 1 Prise Salz, wenig Zucker und 1 Eßlöffel Öl mit der nötigen Milch zu einem dickflüssigen Teig anrühren, das Eiweiß zu Schnee schlagen und leicht darunterheben.

Maulbeerkuchen

Ein rundes Kuchenblech mit ziemlich hohem Rand mit Butter bestreichen und mit einem nicht zu dünn ausgerollten Mürbteig, Hefeteig oder auch Blätterteig bedecken. Den Teig mit sehr reifen Maulbeeren dicht belegen. Die Beeren dick mit Zucker und Zimt bestreuen und den Kuchen bei mäßiger Hitze backen. Wenn er heiß aus dem Ofen kommt, besiebt man ihn nochmals mit Zucker.

Ausgebackener Spitz- oder Breitwegerich

Die entfädelten Wegerichblätter auf ein Brett nebeneinander legen, leicht flachdrücken und mit Zucker und Zimt oder mit Vanillezucker bestreuen. Eine halbe Stunde liegen lassen, dann in Eierkuchenteig tauchen und die Blätter schwimmend in heißem Fett ausbacken. Je nach Geschmack nachher nochmals mit Zucker und Zimt bestreuen.

Veilchenmakronen

250 g ausgewählte Veilchenblüten mit 500 g Zucker vermischen und langsam erhitzen; dabei gut durchrühren. Sobald die Mischung zu kochen beginnt, rasch ein mit Puderzucker geschlagenes Eiweiß zugeben und unterrühren. Den Teig in eine gefettete Form geben und kurze Zeit im Ofen überbacken.

Wildspinatkuchen

Einen Teller gekochten, gehackten Spinat oder Vogelmiere mit soviel Mehl vermischen, daß ein dickflüssiger Teig entsteht, dann 2—3 Eßlöffel Zucker und $\frac{1}{2}$ bis $\frac{3}{4}$ eines Päckchens Backpulver (10—15 g) unterrühren. Den Teig in eine ausgefettete Form füllen und $\frac{3}{4}$ bis 1 Stunde bei guter Hitze backen. Schmeckt gut zum Kaffee.

Drei Rezepte aus »Caspar Schroeters allzeit fertiges Haußverwalters rarem Kochbuch« 1712

Kuchen von grünem Kraut, Struffkuchen genannt

Nehmt die jungen Blätter von allerley Sorten Wermuth / etwas Fenchel / Dille / Kerffel / Violenblätter / Reinfarren / Wasser-

Kresse / Sauerampff / Betonien / Leber-Kraut / Cichorien / Spinat / schwarze Johannisbeeren-Blätter / Goldblumen-Kraut / diese alle schneidet klein / und macht von Eyern / soviel hierzu nöthig / und gestoßenen Zwieback einen Teig / backt es in Butter zu Kuchen / es schmeckt nicht übel.

Eine Kerffeltorte zu machen

Nehmet junge kleingeschnittene Kerffel / truckt den Saft / so viel möglich / heraus / vermenget sie mit Butter / Corinthen / Zucker / geriebenen Zwieback / Caneel / Rosen-Wasser / auch 6 oder 8 Eyer / leget diß in euren Teig / und backt sie gar.

Kerffeltorte,
Eine andere Manier

Nehmet jungen verlesenen / rein gewaschenen und zerschnittenen Kerffel / thut dazu ein halb Pfund Corinthen / 6, 7 oder 8 Eyer / nehmt denn ein Ort süßer Milch / etwas alt gerieben Weiß-Brod / gießt solches in die Milch / und kocht es mit einem guten Stück Butter dick / indem es kocht und unter die Kerffel gerührt wird / thut was Zucker und geschmolzenen Butter hinzu / und so es zu dünne ist / stosset ein oder zwei Zwieback darein / legt es in den Teig / und streuet Caneel darüber / deckt und backt sie im Feuer unten und oben / wie gebräuchlich / wenn sie angerichtet wird / bestreuet sie mit gestoßenem Zucker-Brod.

Verschiedenes

ESSIG

Berberitzenessig

Die Beeren mit den Stielen zerstampfen. Die Masse in ein Faß füllen und die gleiche Gewichtsmenge kochendes Wasser daraufschütten. An einem warmen Ort die Beeren bis zur Gärung 6—8 Tage stehenlassen, den Saft dann durch ein Tuch in ein anderes Faß gießen und $\frac{1}{4}$ l Bierhefe (auf ein großes Faß gerechnet) und ein Stück Schwarzbrot zugeben. Das Faß mit einem Deckel bedecken und an einen warmen Ort stellen. Am besten umwickelt man den Deckel noch mit einer warmen Decke. Nach vier Wochen kann man auf Flaschen abfüllen. *(Bitte beachten: In einigen Bundesländern ist die Berberitze geschützt.)*

Holunderessig

Eine Flasche mit frischgepflückten Holunderblüten füllen und die Flasche mit Weinessig vollgießen. Den Essig 14 Tage in der Sonne oder an einem warmen Ort stehenlassen, durchseihen und zum Gebrauch in kleine Flaschen füllen. Man benützt diesen Essig in England und Frankreich viel zu Fischgerichten.

Maulbeeressig

2 kg reife Maulbeeren in einen großen Steintopf schütten, mit feinem Essig übergießen und sie 24 Stunden so stehenlassen. Darauf mit einem Holzlöffel zerdrücken, mit einem Tuch bedecken und wieder 24 Stunden ruhig stehenlassen. Das Zerdrücken und Umrühren mit dem Löffel wiederholt man eine Woche lang jeden Tag und gießt dabei immer wieder etwas Essig nach, bis man ungefähr 3 Liter Essig darübergeschüttet hat. Nachdem der Essig so eine Woche auf den Beeren gezogen hat, filtriert man ihn, nimmt auf jedes $\frac{1}{2}$ Liter $\frac{1}{2}$ kg Hutzucker und kocht den Essig mit dem Zucker unter sorgsamem Abschäumen langsam eine Stunde hindurch. Dann erkalten lassen und in Flaschen füllen.

Ravigoteessig

200 g Estragon-Blätter, 70 g Lorbeerblätter, 60 g Engelwurz, 90 g Kapern, 90 g Sardellen, 40 g Knoblauch, 60 g Schalotten kleinschneiden, dann in einer großen Flasche mit 1 Liter Weinessig übergießen und 3 Wochen an einen warmen Ort stellen. Den Essig abgießen, filtrieren, aufbewahren.

Veilchenessig

Von zwei bis drei Handvoll wohlriechenden Veilchen die Stiele entfernen und die Blüten in eine Flasche geben, die man mit Weinessig auffüllt. Die Flasche verkorken und 10—14 Tage in der Sonne oder an einem anderen warmen Ort (Heizung) stehenlassen. Den Essig dann durch ein Fließpapier (Filtertüte) gießen und ihn in einer verschlossenen Flasche aufbewahren.

Dieser Veilchenessig hat eine sehr schöne Farbe. Sein eigenartig würziges Aroma verfeinert Salate und Soßen. Er wirkt außerdem beruhigend auf Kranke, besonders bei Nervenleiden und Kopfschmerzen. Man gibt dafür 1 Teelöffel Essig in ein kleines Glas Wasser und süßt mit Zucker.

KAPERN

Nachgemachte Kapern

Blumenknospen des Pfriemkrautes oder Besenginsters (Spartium scoparium), Blütenknospen der Butter- oder Dotterblume (Catha palustris) und Knospen der Kapuzinerkresse (Tropaeolum majus) können als falsche Kapern eingemacht werden. Die Knospen abwaschen und mit Salz bestreuen. Einige Stunden stehen lassen, dann in siedendes Wasser werfen und ein paarmal darin aufwallen lassen. Abtropfen lassen, in Gläser geben und mit kochendem Essig übergießen. Nach einigen Tagen noch einmal mit dem Essig aufkochen, wieder in die Gläser schütten und gut verschließen.

Man kann auch, nachdem die Samenkapseln und Blüten mit Wasser aufgekocht und in die Gläser geschichtet sind, einige Pfefferkörner, geschabten Meerrettich und Estragon dazwischenlegen und dann bloß rohen, feinen Weinessig darübergießen.

Deutsche Kapern

Blütenknospen von Sumpfdotterblumen, Gänseblümchen, Löwenzahn, Scharbockskraut, auch die Wurzel- und Stengelknöllchen des Scharbockskrauts — nach dem Verblühen der Pflanze einzeln oder gemischt — 24 Stunden in Salzwasser legen und dann mit gewürztem Essig, am besten Estragon-Essig, übergießen.

Holunderbeeren als Kapern

Die unreifen, also noch grünen Früchte des Holunders eine Nacht in Salzwasser legen, abtropfen lassen und mit ein paar Zweigen Estragon in Gläser schichten. Die Beeren dann mit abgekochtem, erkaltetem Weinessig übergießen und die Gläser verschließen.

KETCHUP

Englische Holunder-Würzsauce

$\frac{1}{2}$ Liter reife, abgestielte Holunderbeeren in einen Steintopf legen, mit $\frac{1}{2}$ Liter kochendem Weinessig übergießen und über Nacht in einen lauwarmen Ofen stellen. Am folgenden Morgen den Essig abschütten, ohne die Beeren zu pressen, und ihn mit 30 Gramm Schalotten, einem Blatt Macis, einem kleinen Stückchen Ingwer, einigen Nelken und einem Teelöffel Pfefferkörnern 6—8 Minuten lang aufkochen. Nach dem Erkalten samt den Gewürzen in Flaschen füllen. Paßt gut zu Fisch-Soßen.

Register

Jede Pflanze wird in diesem Register sowohl nach ihrer deutschen wie nach ihrer lateinischen Bezeichnung alphabetisch zitiert.
Halbfett erscheinen alle Pflanzen, die im darstellenden Teil des Buches beschrieben und abgebildet sind.

A

Achillea millefolium 108
Acker-Glockenblume 98
Ackersenf 10, 48, 146. Rezepte: 156, 158
Acorus calamus 62
Adlerfarn 12
Aegopodium podagraria 40
Allium Ursinum 18
Anagallis arvensis 128
Anchusa officinalis 90
Angelica Archangelica 32
Angelica sylvestris 32
Apfelrose 46
Arctium lappa 64
Atriplex patulum 38
Atriplex hastatum 38

B

Bachbunge 14, 38, 40. Rezept: 171
Bärenklau 16
Bärenlauch 18
Bärlauch 18
Barbarakraut 20
Barbarea vulgaris 20
Becherblume 140
Beinwell 22, 56, 146. Rezepte: 157, 172, 175, 176
Bellis perennis 36
Benediktenkraut 88. Rezepte: siehe Nelkenwurz

Berberis vulgaris 24
Berberitze 24. Rezepte: 184, 190, 191, 195, 200, 207, 213
Bergweidenröschen 132
Bitteres Schaumkraut 30, 142
Blasiges Leimkraut 118
Blutwurz 88
Borretsch 177, 180
Breitwegerich 116. Rezept: 150, 211
Große Brennessel 26, 22, 30, 36, 40, 56, 108, 120, 146. Rezepte: 147, 149, 150, 158, 160, 171, 172, 173, 175
Kleine Brennessel 26
Brunelle 28
Brunnenkresse 30, 14. Rezepte: 148, 150, 157, 158, 159, 177, 178
Brustwurz 32, 146. Rezept: 157

C

Campanula rapunculus 98
Capsella bursa pastoris 50
Cardamine amara 30
Cardamine pratensis 142
Carduus 34
Cetraria islandica 58
Chaerophyllum temulum 40
Chenopodium album 38
Chenopodium bonus-henricus 44
Chenopodium hybrium 44
Chenopodium murale 44

Chenopodium vulvaria 44
Cichorium intybus 130
Cirsium 34
Cochlearia officinalis 70
Conium maculatum 92
Cornus mas. 68
Crambe maritima 80
Crataegus monogyna 134

D

Dirlitze 68. Rezepte: siehe
Kornelkirsche
Distel 34. Rezept: 159

E

Eberesche 126, 82. Rezepte: siehe
Vogelbeere
Süße Eberesche 126
Echium vulgare 86
Echte Engelwurz 32. Rezepte:
157, 189, 192, 204, 214
Epilobium angustifolium 132
Epilobium montanum 132
Eselsdistel 34. Rezepte: 159, 178

F

Feigwurz 110. Rezepte: siehe
Scharbockskraut
Feldgauchheil 128
Große Fetthenne 122
Weiße Fetthenne 122
Franzosenkraut 66. Rezepte: siehe
Knopfkraut

G

Gänseblümchen 36, 146. Rezepte:
147, 150, 159, 168, 178, 207,
215
Gänsefuß 38
Mauer-Gänsefuß 44
Stinkender Gänsefuß 44
Unechter Gänsefuß 44

Galinsoga parviflora 66
Geißfuß 40. Rezepte: siehe
Giersch
Geum urbanum 88
Giersch 40, 22, 26, 72, 88, 116,
146. Rezepte: 151, 160
Glasschmalz 96
Glechoma hederacea 42
Gundelrebe 42. Rezepte: siehe
Gundermann
Gundermann 42, 16, 38, 56, 108.
Rezepte: 147, 171, 180
Guter Heinrich 44

H

Hagebutte 46. Rezepte: 154, 155,
170, 174, 178, 185, 186, 189,
192, 193, 194, 201, 204, 210
Hammelmöhre 92. Rezepte: siehe
Pastinak
Hecken-Kälberkropf 40
Heckenrose 46. Rezepte: siehe
Hagebutte
Hederich 48, 10, 146
Heracleum sphondylium 16
Hirtentäschel 50. Rezept: 167
Holunder 52. Rezepte: 155, 172,
187, 194, 195, 196, 201, 205,
210, 213, 215
Hopfen 54, 30, 146. Rezepte: 149,
160, 161, 173, 178, 179, 187
Huflattich 56, 110, 146. Rezepte:
161, 162, 170
Humulus lupulus 54
Hundrose 46. Rezepte: siehe
Hagebutte

I

Isländisch Moos 58, 146. Rezepte:
150, 151, 162, 175, 176, 179,
187, 196, 210

K

Kajowsky 208
Kali-Salzkraut 60
Kalmus 62. Rezepte: 188, 196, 197, 206
Falsche Kapern 214
Kartoffelrose 46
Große Klette 64, 56. Rezepte: 157, 162, 180, 188
Knopfkraut 66, 146. Rezepte: 149, 175, 176
Kornelkirsche 68. Rezepte: 170, 188, 197
Kräutersuppen 148, 149, 154
Kratzdistel 34

L

Lamium album 120
Lamium maculatum 120
Lamium purpureum 120
Lappa officinalis 56
Löffelkraut 70
Löwenzahn 72, 26, 30, 40, 108, 146. Rezepte: 148, 150, 163, 164, 178, 180, 181, 197, 206, 215
Lungenkraut 74, 56, 86, 99
Schmalblättriges Lungenkraut 74
Weiches Lungenkraut 74

M

Maitrank aus Brabant und Flandern 207
Malinverno-Eis 190
Malinverno-Punsch 207
Malva neglecta 76
Malva sylvestris 76
Weg-Malve 76
Wilde Malve 76, 146. Rezept: 151
Maulbeere 78. Rezepte: 188, 197, 198, 201, 211, 213
Weiße Maulbeere 78

Meerkohl 80
Gemeiner Mehlbeerbaum 82, 126. Rezept: 192
Weiße Melde 38, 72, 132, 146. Rezepte: 149, 168, 175, 176
Morus nigra 78

N

Nachtkerze 84, 98, 146. Rezept: 182
Nasturtium officinale 30
Natterkopf 86, 90
Natterknöterich 138
Nelkenwurz 88. Rezept: 152

O

Ochsenzunge 90, 86, 146. Rezept: 154
Oenothera biennis 84
Onopordum acanthium 34

P

Pastinaca sativa 92
Pastinak 92, 84, 146. Rezepte: 152, 157, 164, 172, 173, 175, 181, 207
Pestwurz 56
Petasites officinalis 56
Plantago lanceolata 116
Plantago major 116
Plantago media 116
Polygonum bistorta 138
Portulaca oleracea 94
Portulak 94. Rezepte: 148, 154, 165, 173, 174, 182
Potentilla erecta 88
Primel 114. Rezepte: siehe Schlüsselblume
Primula elatior 114
Primula veris 114
Prunella grandiflora 28
Prunella vulgaris 28

Prunelle **140.** Rezepte: siehe
  Wiesenknopf
Prunus spinosa 112
Pteridium aquilinum 12
Pulmonaria angustifolia 74
Pulmonaria mollis 74
Pulmonaria officinalis 74

Q

Quellen-Ehrenpreis 14. Rezepte:
  siehe Bachbunge
Queller 96

R

Ranunculus ficaria 110
Raphanus raphanistrum 10, 48
Rapontika 84. Rezepte: 182
Rapunzel-Glockenblume 98, 84
Ravigoteessig 214
Wilder Rettich 48
Rohrkolben 100
Schmalblättriger Rohrkolben 100
Rosa canina 46
Rosa pomifera 46
Rosa rugosa 46
Roßpappel 76. Rezepte: siehe
  Wilde Malve
Rotklee 102
Rumex acetosa 106
Rumex acetosella 106
Ruten-Melde 38

S

Salat-Fetthenne 122. Rezepte:
  siehe Tripmadam
Salicornia europaea 96
Salsola kali 60
Salz-Dreizack 104
Sambucus nigra 52
Sambucus racemosa 52
Sanguisorba minor 140
Sanguisorba officinalis 140

Sauerampfer 106, 26, 36, 38, 40,
  50, 108. Rezepte: 147, 149, 151,
  152, 154, 159, 163, 165, 166,
  167, 169, 177, 179, 181, 182,
  212
Kleiner Sauerampfer 106
Sauerdorn 24. Rezepte: siehe
  Berberitze
Schafgarbe 108, 16, 40. Rezepte:
  148, 156, 207
Scharbockskraut 110, 56, 108,
  146. Rezepte: 149, 175, 176,
  210, 215
Gefleckter Schierling 92
Schlehe 112. Rezepte: 198, 199,
  208, 209
Schlüsselblume 114
Hohe Schlüsselblume 114
Schwarzdorn 112. Rezepte: siehe
  Schlehe
Schwarzwurz 22. Rezepte: siehe
  Beinwell
Sedum album 122
Sedum reflexum 122
Sedum telephium 122
Silene vulgaris 118
Sinapis alba 10, 48
Sinapis arvensis 10, 48
Sorbus aria 82
Sorbus aucuparia 126
Sorbus domestica 126
Spanische Bohnen 178
Spieß-Melde 38
Spitzwegerich 116, 88, 108, 146.
  Rezepte: 150, 169, 211
Stellaria media 128
Sternmiere 128. Rezepte: siehe
  Vogelmiere
Stielmus 157, 158
Strand-Dreizack 104
Symphytum officinale 22

T

Taraxacum officinale 72
Taubenkropf 118
Gefleckte Taubnessel 120
Rote Taubnessel 120
Weiße Taubnessel 120, 72, 146.
  Rezepte: 168, 172
Tragopogon pratensis 136
Traubenholunder 52
Trifolium pratense 102
Triglochin maritimum 104
Tripmadam 120, 38. Rezepte: 148
Tussilago farfara 56
Typha angustifolia 100
Typha latifolia 100

U

Urtica dioica 26
Urtica urens 26

V

Wohlriechendes Veilchen 124.
  Rezepte: 177, 190, 199, 202,
  207, 209, 211, 214
Veronica beccabunga 14
Viola odorata 124
Vogelbeere 126. Rezepte: 189,
  200, 209

Vogelmiere 128, 72, 116, 132,
  147. Rezepte: 153, 168, 211

W

Waldengelwurz 32
Mittlerer Wegerich 116, 146
Wegwarte 130, 72. Rezepte: 153,
  168, 182, 212
Weidenröschen 132. Rezept: 168
Weißdorn 134, 126. Rezept: 195
Weißer Senf 10, 48
Wiesenbocksbart 136, 146.
  Rezepte: 148, 149, 156, 174
Wiesenknöterich 138, 40
Wiesenknopf 140
Wiesenschaumkraut 142, 146.
  Rezepte: 170, 171, 176, 182
Wilder Knoblauch 18. Rezepte:
  siehe Bärenlauch
Wilder Senf 10. Rezepte: siehe
  Ackersenf
Wildspinat 157, 171, 175, 176,
  211
Winterkresse 20

Z

Zichorie 130. Rezepte: siehe
  Wegwarte

Quellenhinweise

Eduard Baltzer, Vegetarisches Kochbuch. Für Freunde der natürlichen Lebensweise. Karl-Rohm-Verlag, Lorch 1900

Hans Joachim Conert, Flora in Farben, 667 wildwachsende Pflanzen. Otto Maier Verlag, Ravensburg 1973

Fischer/Bartning, Heilpflanzen der Heimat. Verlag Quelle und Meyer, Leipzig 1942

Flamm-Kroeber, Die Heilkräfte der Pflanzen, Stuttgart 1937

F. v. Frauenknecht, Billige und gesunde Nahrungsmittel aus dem Wald. Müllersche Verlagsbuchhandlung, Dresden und Planegg 1939

Euell Gibbon, Stalking the wild asparaghus. David McKay Company inc. New York 1968

Erhard Gorys, Heimerans Küchen-Lexikon. Kochbuchverlag Heimeran, München 1975

Eugen Gramberg, Wildgemüse, Wildfrüchte, Haustee. Verlag Quelle und Meyer, Leipzig 1941

H. Grote, Praktische Ratgeber der häuslichen Obst- und Gemüseverwertung. Stuttgart 1913

Haushaltungskunst im Kriege, herausgegeben von A. Jaeger, Aachen

Haushaltungskunst im Kriege und in der Teuerung vom Jahre 1755

461 Haus- und Sympathiemittel. Von Überlugen, Ansprechen, Gesundbeten und Anwünschen. In fünfzig Jahren gesammelt und aufgezeichnet von Paul Friedl. Rosenheimer Verlagshaus 1976

Schriftenreihe: Heil- und Nährkräfte aus Wald und Flur: Eßbare Wildfrüchte. Bearbeitet von Dr. Bernhard Hörmann, München 1939

Schriftenreihe: Heil- und Nährkräfte aus Wald und Flur: Wildgemüse und Salate. Bearbeitet und herausgegeben von Dr. Bernhard Hörmann, München 1939

Hugo Hertwig, Gesund durch Heilpflanzen, Berlin 1938

Hinterlassene und große Geheim zu haltende Bemerkzettuln, Nürnberg 1702

Jacobj, Beiträge zur Verwertung der Flechten, 1916

Marie Luise Kreuter, Nimm Rosen zum Dessert. Rezepte für eßbare und trinkbare Blumen und Blüten. Ariston-Verlag, Genf 1976

Joseph König, Geist der Kochkunst. Überarbeitet und herausgegeben von C. F. von Ruhmohr. Stuttgart 1822

Gertrud Küster, Kriegsgemüse-Kochbuch, Paul Parey 1917

Lahmanns hygienisches Kochbuch

Maßnahmen gegen Mangel und Teuerung im 18. Jh. 1771. Sonderdruck der Kameradschaftlichen Kriegsbeschädigten-Fürsorge der deutschen Hauswirtschaftsgesellschaft, Aachen

Rororo Pflanzenlexikon in 5 Bänden. Rowohlt-Taschenbuch-Verlag, Hamburg 1969

F. Scheerer, Die Verwertung unserer Wildfrüchte, Siebeneicher Verlag, Berlin 1948

G. Scheerer, Fruchttragende Hecken, Gehölze, Bäume, Siebeneicher-Verlag, Berlin 1947

Schönfelder-Fischer, Welche Heilpflanze ist das? Franck'sche Verlagsbuchhandlung, Stuttgart 1976

Caspar Schroeters allzeit fertiges Hauß-Verwalter rarem Kochbuch, Frankfurt 1712

Universal-Lexikon der Kochkunst 1886

Weck-Kalender vom Oktober 1938, Heft 7, November 1938, Heft 8, Dezember 1940, Heft 3, November/Dezember 1947

H.C.D. de Wit, Knaurs Pflanzenreich in Farben, Band 2. Droemer, Zürich 1965

HEYNE KOCHBÜCHER

Gesund und schlank – mit den neuen Heyne Diätkoch- büchern

Dr. Anne Calatin

DER DIÄT-RATGEBER

Die bekanntesten Diäten im Vergleich:
Atkins-Diät · FDH-Diät
Dr. Haas-Diät · Intervall-Diät
Kartoffel-Diät · Köhnlechner-Trenndiät
Kühnemann-Diät · Reis-Diät
Rotations-Diät · Scarsdale-Diät
Weight Watchers und viele andere

07/4582

EVA & SUSANNE EXNER

Kalorien- und Kohlenhydrate Tabelle

mit Joule-Angaben

07/4468

Dr. Herman Tarnower
Samm Sinclair Baker

DIE SCARSDALE DIÄT

Die klinisch erprobte
Schlankheitskur,
mit der man in 14 Tagen
20 Pfund abnimmt

07/4350

DIE ROSEMARY CONLEY SPEZIALDIÄT

Schlanke Hüften, schlanke Beine

»Der millionenfach bewährte Diät-Bestseller«

07/4586

DR. ANNE CALATIN

Die Rotations-Diät

Eine Woche
wenig,
eine Woche
normal essen
– und dabei
rapide
abnehmen

07/4475

PROF. DR. KLAUS MIEHLKE

DIE RHEUMA-DIÄT
DAS KOCHBUCH FÜR RHEUMAKRANKE

Die richtige Diät
auch bei Arthritis,
Arthrose, Osteoporose,
Gicht und
Arteriosklerose

07/4617

Dr.med.Antje Katrin Kühnemann

Dr.Kühnemann TRENN-KOST

Ein Rezeptbuch für Schlankheit und Gesundheit

07/4435

Ingrid Malhotra

Die Cholesterin-Diät

Über 200 Rezepte
für richtige Ernährung
bei zu hohem
Cholesterinspiegel

MIT AUSFÜHRLICHEM ERNÄHRUNGS-RATGEBER

07/4591

Wilhelm Heyne Verlag München